読みなおす日本史

鎌倉幕府の転換点

『吾妻鏡』を読みなおす

永井晋

吉川弘文館

目　次

序章　鎌倉幕府の転換点を考える

『吾妻鏡』とは何か

はじめに、『吾妻鏡《あづまかがみ》』を辞書風に整理してみよう。

『吾妻鏡』は、以仁王《もちひとおう》の挙兵計画が動きはじめた治承四年（一一八〇）四月から、六代将軍宗尊《むねたか》親王を京都に送還した文永三年（一二六六）七月までの鎌倉幕府の歴史を綴った歴史書である。

成立年代には、和田英松《ひでまつ》・八代国治《やしろくにじ》が唱えた二段階成立説と、益田宗《ますだたかし》に代表される一四世紀初頭成立説の二説がある。二段階成立説は、源家三代を前半部とし、四代将軍九条頼経《よりつね》以降を後半部とし、前半部の成立を文永年間（一二六四～一二七五）、後半部の成立を正応から嘉元《かげん》の頃（一二八八～一三〇六）と考える。一四世紀初頭成立説は、前半部・後半部の区分を必要としないと考える。

編者は、北条氏実泰《さねやす》流（金沢《かねさわ》北条氏）を推測する説が有力である。源家一門や北条氏の人々が無官ないしは六位の位階にあるときに「主《ぬし》」という特別な呼称を付けたこと、北条本の首巻に「応永十一年甲申八月廿五日、金沢文庫御本を以てこれを写す」と記述のあったこと、金沢文庫本のなかに『吾妻鏡』の編纂資料と思われるものが含まれること、『吾妻鏡』に詳述される儀式を実泰流の人々が執り行っていたことなどがその理由である。また、頼家《よりいえ》・実朝《さねとも》二代の記録は、三善康信《みよしやすのぶ》の子孫の編纂と考えられている。状況証拠を積み重ねた推定であるが、説得力をもつ説となっている。

『吾妻鏡』を読む場合、注意すべき点がいくつかある。第一に、『吾妻鏡』そのものはひとつの完結した書物として扱ってよいが、時代によって叙述の主体が推移していくことである。源家将軍の時代をみると、源頼朝の時代は叙述の中心は頼朝である。しかし、二代将軍頼家以後の叙述になると、将軍家・北条政子《まさこ》・北条家の当主といった複数の核をもつ叙述になってくる。たとえば政子は、頼家・実朝・九条頼経といった三代の将軍家との関係でいくと主流派として叙述されているが、伊賀氏事件以後は叙述の主体が将軍家と北条泰時《やすとき》に移り、北条政子の叙述にほころびがみえるようになる。老醜をさらした北条政子が時代の主役から外れたためである。このような微妙な温度差の変化は、『吾妻鏡』の曲筆や完成度の低さとして簡単にすまされ、見過ごされてきた。『吾妻鏡』の叙述には明確な誤りはたしかにあるものの、読み込みの不足を曲筆という言葉で簡単に逃げてきたことは、やはり問題であろう。

鎌倉幕府の政治史は、いかに叙述されてきたか

これまでの鎌倉幕府の政治史は、将軍家による親政が行われた将軍独裁、北条氏本家の家長が執権の職について鎌倉幕府を主導した執権《しっけん》政治、北条氏本家の家長（得宗《とくそう》）が執権職に在職するしないに関わらず政治を主導した得宗専制の三段階の展開をしたと考えられている。

この三段階の変化のうち、頼朝・頼家の二代を将軍独裁とすることに異論を唱える人は少ない。執権政治については、三代執権泰時の時代を典型とすることに異論を唱える人はいないが、北条時政《ときまさ》・義時《よしとき》二代の執権をどのように理解するか、得宗専制の開始を何時とみるかによって前後の幅は大きく違ってくる。得宗専制については、細川重男氏が佐藤進一氏の理解をより精密にした段階論を提示している。得宗が実際に政治を主導した時代と、得宗専制自体がひとつの政治のシステムとなり、そのシステムを運用する人々に実権が移った時代に分けたのである。得宗専制は、北条時頼の執権就任時に起きた宮騒動を開始期とみる説が有力になっている。

このように、鎌倉幕府政治は意思決定の最終的な所在の変化をあらわす「将軍独裁→執権政治→得宗専制」というシステムの変遷を縦軸に置き、鎌倉幕府を主導した将軍家や北条氏との関係を横軸に置いて、個々の事件の位相を決めた叙述を行ってきた。

この単線的な枠組みでは、鎌倉幕府を創設した源家将軍とその後に主導権を確立した北条氏はたえず主流に置かれ、その他の勢力をはじめから脇役ないし反主流に位置づけることになる。また、事件のはじまりと結末は自明のこととなり、研究者はいかにして明快な解釈を行うかを競うことにしかならない。

たとえば、比企《ひき》氏の乱は将軍独裁から執権政治への転換を遂げるための事件で、失政によって御家《ごけ》人《にん》の信望を失った将軍頼家を支持する比企能員《よしかず》と、実朝を擁して政権奪取を意気込む北条時政が対立し、御家人の信望を集めた時政が勝利したという理解になる。

本編で叙述するように、比企氏の乱はそのような単純な事件ではない。巨視的に観ることによって示される枠組みのなかに個々の事件をはめこもうとして事件を単純化することは、かえって本質を見失なわせ、歴史叙述を貧困にしてきた。

歴史叙述の新たな可能性

ところで、複雑性の科学と総称される新しい科学の枠組みは、選択の場における「偶然性」を捨象することなく理解することを試みている。歴史学に即していえば、歴史が必ずしも最良の選択肢を選んでいないことを前提とした解釈を試みることである。歴史の大局的な流れがある方向を指して進んでいくとしても、それゆえにその構成要素となる個々のユニットが必然性の枠組みによって決められた方向へ進むことを意味してはいないとする理解は、ややもすれば単線的な理解に流れやすい歴史叙述を豊饒《ほうじょう》なものに変えていく可能性を秘めている。政治史に即していえば、事件の展開のなかで示された複数の選択肢から、最終的に選ばれたものを絶対視して読み解くのではなく、選ばれなかった選択肢についても可能性を分析しながら読み解いていくことは無意味なことではないという理解である。戦後の歴史学には、史的唯物論が提示した「世界史の基本法則」を大きな枠組みとして選び、「歴史にifはない」といって人類の進歩を無邪気に叙述してきた時代があった。そのような単純化された歴史叙述は、過去のものとなったといってよい。

鎌倉幕府の歴史をどう読みなおすか

筆者は、前述した将軍独裁から執権政治をへて得宗専制に移行していく巨視的な鎌倉幕府政治の変化の過程を否定しようとしているのではない。

現在、得宗専制は、得宗が権力の主体として活動した「主体型専制」を前期の体制とし、得宗専制が政治のシステムとして固まった後期の体制を「システム型専制」とする細川重男氏の説をどのように評価するかを考える段階に入っている。筆者はこの二つに、得宗北条高時の後継者をめぐる争いである嘉暦《かりやく》の政変によって「システム型専制」を支えてきた勢力の均衡が崩れ、北条氏の御内人《みうちびと》である長崎氏が主導権を確立した鎌倉幕府最末期の体制「御内専制」を加えた三段階が適切ではないかと考えている。また、「合議と専制」という枠組みの残滓がまだ残っていて、執権政治の時代を過大に評価しすぎているとも考えている。

アウトラインの提示だけで恐縮ではあるが、筆者は『吾妻鏡』の時代の政治過程が、次のように展開したと考える。

頼朝が鎌倉幕府のオーナーとして主導した将軍独裁の時代、将軍家の養親《やしないおや》（乳母夫《めのと》）が後見人として鎌倉幕府を主導した時代、将軍家の母親が後見人として主導した時代、北条泰時が主導者として合議による政治を進めた執権政治の時代、将軍家の父親九条頼経が新たな政治権力の構築を考えて挫折した時代、北条氏の本家が鎌倉幕府の主導者としての地位を確立した時代である。この枠組みは、鎌倉幕府の首長将軍家がたどっていく変化の道筋と、将軍家に代わって鎌倉幕府を主導していく立場に立つ人々の変遷を中心に考えている。

従来の政治史研究は、鎌倉幕府が発給した公文書を中心に権力構造を研究してきた。これは、公文書が政治構造の変化を後追いする性格のものであること、また公文書を発給する立場が制度上固定され、たとえ実権を握っていたとしても、それにともなって制度上必要とされる地位を掌握しないと、実権を握ったことが表面に出にくいことなど、分析に誤差が生じることのある手法である。公家政権の研究では、日記や部類記・別記といったリアルタイムの変化を伝える史料群が誤差を修正する素材として用いられている。これらの記録類は、鎌倉幕府研究の貴重な補助史料として認識されてはいても、残念ながら、断片的な記述ゆえに十分に活用されてはいない。

本書では、この政治過程の変化をたどるため、次の事件を選んで叙述した。頼朝挙兵・比企氏の乱・牧氏《まきし》事件・承久《じょうきゅう》の乱・伊賀氏《いがし》事件・宝治《ほうじ》合戦・宗尊親王送還である。権力構造の変化がどのように起こり、そのなかで人々が何を考えて行動していったか、吟味していただきたい。

第一章　可能性としての源頼朝

1　もうひとりの源氏の棟梁・源頼政

鎌倉幕府の主張

『吾妻鏡』は、次のような書き出しで始まる。史料は原則として訳文とし、原文の味わいを伝えたい場合は読み下しとした。

治承四年（一一八〇）四月九日条

入道源三位頼政卿《げんざんみよりまさ》は、以前から平相国禅門清盛《へいしょうこくぜんもんきよもり》を討ち滅ぼしたいと考えていた。しかし、自分の名前で計画を企てても宿意を遂げることは難しいと考えていた。今日、夜になるのを待って、嫡子の伊豆守仲綱《いずのかみなかつな》を伴って一院（後白河）第二宮以仁王《もちひとおう》の三条高倉御所に参上し、前右兵衛佐《さきのうひょうえのすけ》源頼朝以下諸国源氏の軍勢を集めて平氏を討ち、天下をおとり下さいと言上した。以仁王は、散《さん》位《に》藤原宗信《むねのぶ》に命じて平氏追討の令旨《りょうじ》を源頼政に与えた。そこで、たまたま在京していた源為義《ためよし》の末子陸奥十郎義盛《よしもり》にこの令旨を持たせて東国へ遣わした。まず、伊豆国に下って前右兵衛佐源頼朝に伝えた後、その他の源氏に伝えることを仰せ含められた。また、源義盛を八条院蔵人《はちじょういんくろうど》に任命した。この時、源義盛は行家《ゆきいえ》と改名した。

『吾妻鏡』が以仁王挙兵から記述を始めるのは、源頼朝が以仁王の遺志を受け継いで戦いを続け、ついに平氏を滅ぼして鎌倉幕府を開いたという正統性を主張するためである。源頼政は、平氏全盛の都にあっていつの日にか積年の怨みを晴らそうと思いながらも、それを表に出さずに宮仕えを続けた源氏の遺老とイメージづけられている。頼政は摂津源氏の嫡流でありながら自分の名前では軍勢が集まらないということをよく知っていたため、後白河法皇の皇子以仁王の名で平氏追討の軍勢を集めようとしたというのである。

しかし、以仁王や源頼政が『吾妻鏡』の伝えるように考えていたかというと、それは否である。以仁王が出家せずに俗体のままでいたことや、天武天皇が大友皇子（弘文天皇）を討った六七二年の壬申《じんしん》の乱になぞらえて諸国の源氏に挙兵を呼びかけたことは、皇位継承に対する強い自己主張であり、以仁王は頼政に担がれて満足するような器量ではなかった。以仁王は、皇位継承の闘いのなかで源頼政を軍事行動の中心人物にすえたのである。そのことを明確にせずして、以仁王挙兵は明確にならない。

この書き出しは、以仁王と頼政を矮小化し、以仁王の意志を継いで鎌倉幕府を開いた頼朝こそが正統な後継者であるという、鎌倉幕府の自己主張である。

乱世を生き抜く頼政

『平家物語』巻第四「宮御最期」に収められた辞世の歌は、頼政に大きな虚像をかぶせることになった。

埋木《うもれぎ》の　花さく事も　なかりしに　身のなるはてぞ　かなしかりける

「埋木」という表現が強烈である。日の当たることの少なかった人生のなかで、最後の企ても、このような結果に終わってしまったという無念さがにじみでている。多賀宗隼《たがむねはや》氏は、人物叢書『源頼政』で、辞世を引きながらつぎのような人物評をされている。

それはともかく、頼政の一生をかえりみるとき、この歌に盛られた感慨が、まさに頼政自身のそれとして的はずれでないこと、最後のいつわらぬ気持であり得ることは、想定しうる所であろう。表面的にみれば、同族をはなれて平氏に力を貸し、その結果、同族を亡ぼして平氏の下風に立って、最後には自らが平氏のために亡ぼされた。その間日夜、源氏のために心を砕いたのであったが、しかも自己と一家の生命と渡辺党の運命を賭けた、すべての努力は、畢竟、水泡に帰したのである。頼政自身にとっていいようのない不本意であったこともちろんであり、これを埋木に擬したのはまことに適切巧妙な譬喩というべきであろう。

しかし、本当にそうなのだろうか。人間関係がやや入り組むことになるが、保元《ほうげん》・平治《へいじ》の乱から以仁王挙兵にいたる政治史のなかで、頼政の動向をみることから始めよう。

皇室系図

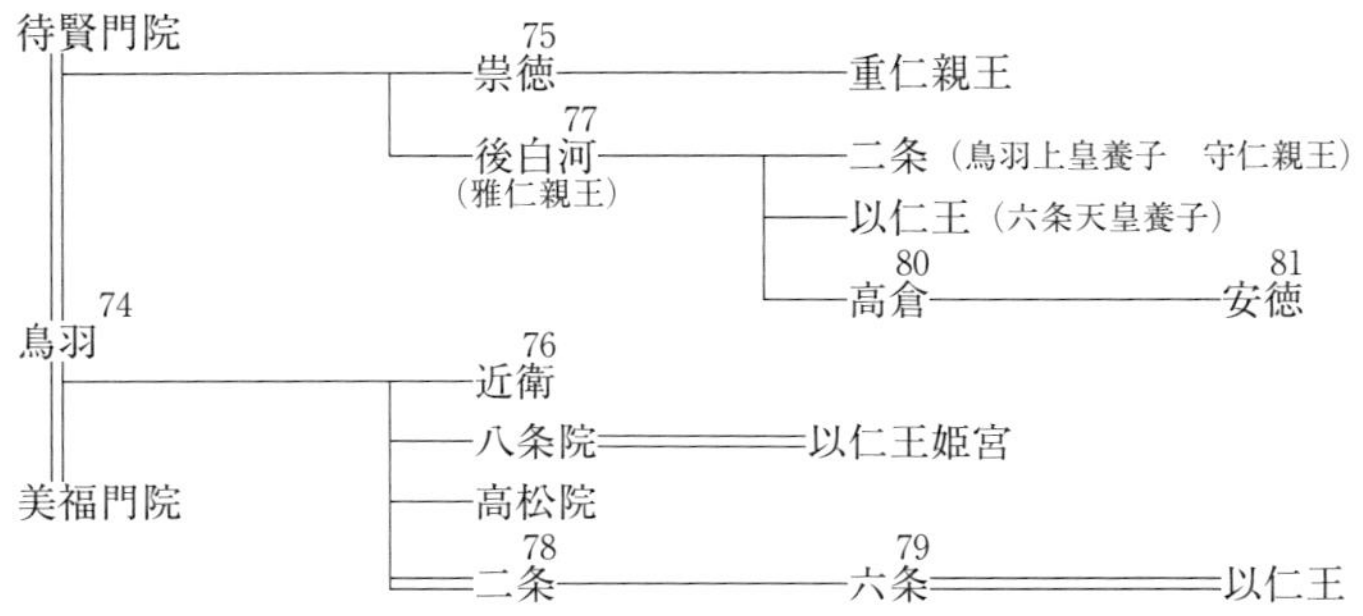

鳥羽《とば》院政の末期、天皇家は待賢門院璋子《たいけんもんいんたまこ》を母とする崇徳《すとく》・後白河《ごしらかわ》と、美福門院得子《びふくもんいんなりこ》を母とする近衛《このえ》の二系統にわかれた（系図参照）。主流派は、鳥羽上皇と美福門院の間に生まれた近衛天皇を支持するグループが形成した。ところが、近衛天皇は久寿二年（一一五五）七月二三日に一七歳で崩御した。鳥羽上皇と美福門院は、養子に迎えて八条御所で育てていた守仁《もりひと》親王を皇位に就けるため、誰を中継ぎとしてたてるかを緊急の課題としたのである。

候補として浮上したのは、崇徳上皇の皇子重仁《しげひと》親王、守仁親王の父雅仁《まさひと》親王、美福門院の皇女暲子内親王《あきこないしんのう》の三人である。鳥羽上皇の内意は愛娘の暲子内親王にあったが、内大臣源雅《まさ》通《みち》が女帝の即位に難色を示したため、守仁親王への継承を前提とした雅仁親王即位で調整がなされた。後白河天皇の誕生である。

この決定は、皇位継承の希望を断たれた崇徳上皇と、摂関家の家督争いの渦中にあった藤原頼長を結びつけ、鳥羽院政に対する反主流派を形成していくことになる。保元の乱は、鳥羽上皇の崩御を機に両者が衝突したものである。

保元の乱では、美福門院が鳥羽院御所に出仕していた都の武者を的確に抑えていた。平清盛《きよもり》・平信《のぶ》兼《かね》・源義朝《よしとも》・源頼政・源義康《よしやす》といった武家の棟梁たちである。反主流派は、中核となる富家《ふけ》殿藤原忠《ただ》実《ざね》が源為義・平忠正《ただまさ》といった摂関家に仕えた武者を集めた。保元の乱は、鳥羽院に仕えた武者と摂関家の武者の戦いという様相を呈した。頼政は美福門院御所に出仕していた関係から百余騎の軍勢を率いて参陣したが、後詰《ごづめ》となったため『保元物語』で語られるような派手な活躍をする機会には恵まれなかった。

保元の乱後、後白河天皇を後見した乳母夫の藤原信西《しんぜい》（通憲《みちのり》）が政権を掌握した。信西の台頭は、後白河天皇の支持勢力を分裂させた。信西は、平清盛と接近することによって政権を安定させる武力にしようとした。一方、後白河天皇の近臣《きんしん》大納言藤原信頼《のぶより》は保元の乱によって深く傷ついた河内源氏の嫡流義朝に接近し、信西に対抗した。

一方、守仁親王を守り育てる美福門院は、鳥羽院に仕えていた摂津源氏の頼政や美濃の源氏土岐《とき》氏を配下の武力として維持していた。保元三年（一一五八）、後白河天皇は、約束どおりに守仁親王（二条天皇）に譲位し、院政を始めた。譲位によって藤原信西の権勢に揺らぎがみえたのを機に、藤原信頼がクーデターを起こした。平治の乱である。

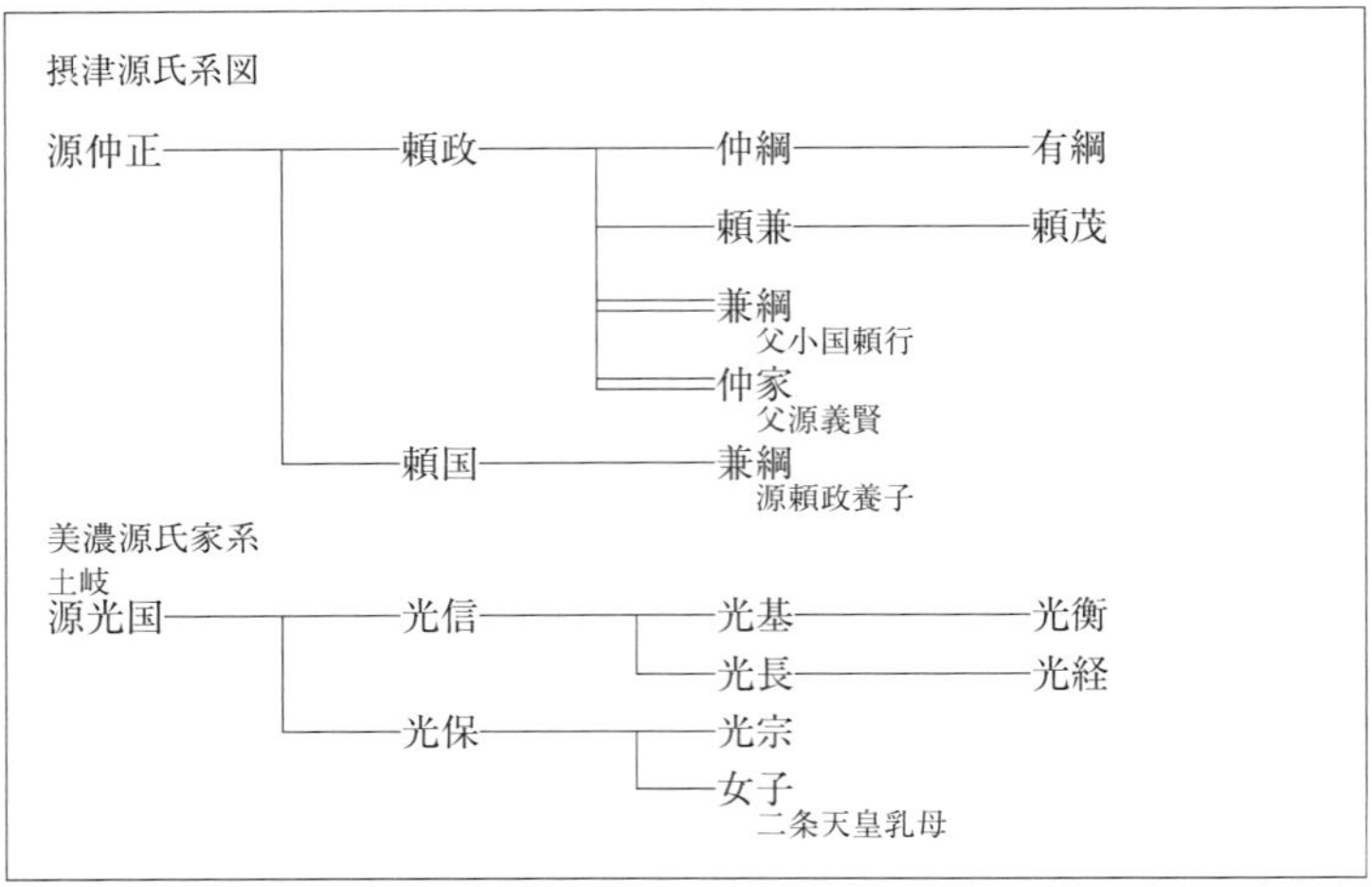

平治元年（一一五九）一二月、信頼は清盛が熊野《くまの》詣《もうで》に出かけた留守を突いてクーデターを起こし、二条天皇を掌中に収めて政権を掌握した。天皇親政派の人々は、二条天皇の安否を気遣い、信頼のもとに顔を出した。

頼政も土岐光基《みつもと》とともに信頼のもとに顔を出し、義朝の陣営に加わった。しかし、藤原経宗《つねむね》と藤原惟方《これかた》が信頼の器量に見切りをつけ、二条天皇を清盛の六波羅邸へと脱出させた。この事が伝わると、頼政は土岐光基を伴って六条河原に陣を移し、中立の立場をとることにした。義朝と清盛の死闘が始まっても、頼政は軍勢を動かさなかった。しかし、義朝の子義平《よしひら》が頼政の態度を裏切りと考えて攻撃したため、頼政は清盛に味方したのである。

頼政は、美福門院・八条院が支持した皇統を守護する立場を一貫してとることで、源氏の棟梁としての地位を上昇させていった。

満ち足りた晩年

平治の乱後、政局は二条天皇親政派と後白河院政派の対立に移っていった。頼政は美濃の土岐氏とともに天皇親政派の立場を明確にしていた。頼政は大内守護《おおうちしゅご》に任じられて御所の警備に就き、娘の二《に》条院讃岐《じょういんさぬき》とともに歌人として活躍した。美濃源氏の源光保《みつやす》の娘は二条天皇の乳母となって典侍《ないしのすけ》まで昇進し、光保もまた昇殿を許されて殿上人《てんじょうびと》に列した。天皇親政派は、頼政と光保が摂津・美濃の源氏を中心に都の武者を束ねていったが、永暦元年（一一六〇）六月、光保が謀反の嫌疑をかけられて配流となると、頼政が親政派の中心となった。一方、後白河法皇は、清盛の妻時子の妹である建春《けんしゅん》門院《もんいん》平滋子《しげこ》を寵愛することで、平氏一門との連携を強めていった。

永万元年（一一六五）五月二五日、二条天皇は六条天皇に譲位した。天皇親政派は、高倉宮以仁王を六条天皇の養子に迎えて立太子させようとした。一方、後白河院は平氏一門と連携をはかり、建春門院との間に生まれた憲仁《のりひと》親王（後の高倉天皇）を東宮《とうぐう》に推そうとした。この対立は、仁安元年（一一六六）一〇月一〇日に憲仁親王の立太子が行われたことによって決着した。この日を境に天皇親政派は衰退に向かい、その中心にいた八条院は、六条天皇の崩御を機に、父母の追善供養に明け暮れる静かな日々に移っていった。

後白河法皇と平氏一門の全盛時代になると、八条院の周囲には母方の親族を中心とした側近と、後白河院や平氏一門ににらまれた天皇親政派の生き残りが集まった。八条院は、日向国の国富荘《くにとみのしょう》から陸奥国の菊多荘《きくたのしょう》にいたる、全国で百か所をこえる広大な規模の荘園をもっており、彼らは主流派から押し込められた状態になっても、八条院が所有した膨大な皇室領荘園の経営にあたることで困窮する心配はなかった。頼政は八条院の殿上人に列し、八条院御所に出仕した武士を束ねていた。また、歌人として当代一流の人々と交わり、優雅な日々をすごしていた。

治承二年（一一七八）三月に行われた賀茂別雷社広庭《かもわけいかずちしやひろにわ》の歌合せで、頼政は次のような歌を詠んだ。

数ならで　老いぬと何か　嘆くべき　三の楽び　ある身なりけり

源義家以来の四位の殿上人に昇進し、家は栄え、歌人としても評価された満ち足りた晩年を伝える和歌である。同年一二月二四日、清盛の推薦によって頼政は従三位に叙された。源三位の通称は、この時から始まる。

伊豆国の武士たち

平治の乱のさなか、平治元年（一一五九）一二月一〇日に秋除目《あきのじもく》が行われた。定例の異動で、勲功賞と昇格条件を満たした人の異動をあわせた人事が発表された。頼政は、この除目で伊豆国を知行国《ちぎようこく》として給わり、嫡子仲綱を伊豆守に申請した。藤原信頼滅亡後、頼政の知行国は召し返されることがなかった。頼政に対する勲功賞がなかったのは、この人事を承認したためである。

頼政は、平治元年から仁安二年（一一六七）にいたる八年間と承安二年（一一七二）から治承四年

（一一八〇）にいたる八年間をあわせた一六年間、伊豆国を治めた。伊豆守は、仲綱が二期八年を二度勤めた。頼政は、伊豆国の知行国主として国務をとる間に在庁官人《ざいちょうかんにん》工藤介茂光《くどうのすけもちみつ》を家人《けにん》に加えた。伊豆国の工藤氏と下総国の下河辺《しもこうべ》氏は、頼政の坂東における拠点となり、とくに伊豆国は、西と東を結ぶ水運の重要拠点として坂東の入口をおさえる役割を担っていた。

この頃の工藤一族は、『曽我物語』でよく知られた骨肉の争いを繰り広げていた。工藤氏の嫡流は伊豆国田方《たがた》郡狩野《かのう》を本拠地として、工藤介・狩野介《かのうのすけ》を通称とした。工藤介茂光は頼政の家人となることで伊豆国在庁の地位を安定させていた。『曽我物語』の主要登場人物となるのは、萳見荘《くすみのしょう》を開発したといわれる工藤祐隆《すけたか》の一族である。工藤祐隆の嫡孫伊東祐親《すけちか》と継子の子祐継《すけつぐ》は萳美荘の相続問題で激しく対立し、祐継の子工藤祐経《すけつね》は子河津祐泰《かわずすけやす》を暗殺して上洛した。都に上った工藤祐経は、蔵人《くろうど》所滝口《どころたきぐち》に出仕し、小松内大臣重盛《こまつないだいじんしげもり》の家人となった。「工藤一﨟《いちろう》」の通称は、蔵人所滝口に出仕して首座の一﨟まで勤めたことを意味する。滝口は正六位上の位階のなかでは最下位の序列にある官職で、滝口のトップ一﨟に昇った者は右馬允《うまのじょう》に転出する慣例になっていた。都にあって、一歩ずつ地位を固めていったといえる。一方、嫡子が殺された伊東祐親もまた平氏の家人となり、伊豆国伊東庄を安堵《あんど》されて地位を安定させることができた。膠着状態にあった両者の対立は、以仁王挙兵によって新たな動きをみせはじめる。

2　頼政はなぜ挙兵したのか――以仁王挙兵

間奏――源頼朝の運命をわけた日

永暦元年（一一六〇）三月一一日、朝廷は謀反人源義朝の遺子二人に対して罪科を決定した。今日の刑法にあたる『律』は、罪の重さによって流罪を遠流《おんる》・中流《ちゅうる》・近流《ごんる》の三段階にわけた。遠流の対象となるのは、伊豆・安房・常陸・佐渡・隠岐・土佐の六国である。

この日、朝廷は源頼朝を伊豆国に、源希義《まれよし》を土佐国に流すことを決定した。最終的な判断は後白河上皇が下すが、その決定にいたる実務上の判断は明法道《みょうぼうどう》と呼ばれた法律家とその上席に座る公卿《くぎょう》が行った。彼らは、先例にしたがって機械的に判断した報告を行っただけである。

しかし、その結果は、伊豆国に流された頼朝が頼政の遺産を継承して歴史の檜舞台に登場したのに対し、土佐国に流された希義は、平重盛の家人蓮池《はすいけ》権守《ごんのかみ》家綱《いえつな》に殺されて歴史から忘れ去られるという、大きく道をわける判断となった。頼朝挙兵という歴史的な事件の端緒となるこの判断は、名も伝わらぬ朝廷の技術官僚が機械的に行ったものであった。

以仁王はどこまでやれたか

満ち足りた晩年をすごしていた頼政が、なぜ挙兵したのか。頼政が以仁王を担いで挙兵したとする

源頼朝を中心にした血縁関係

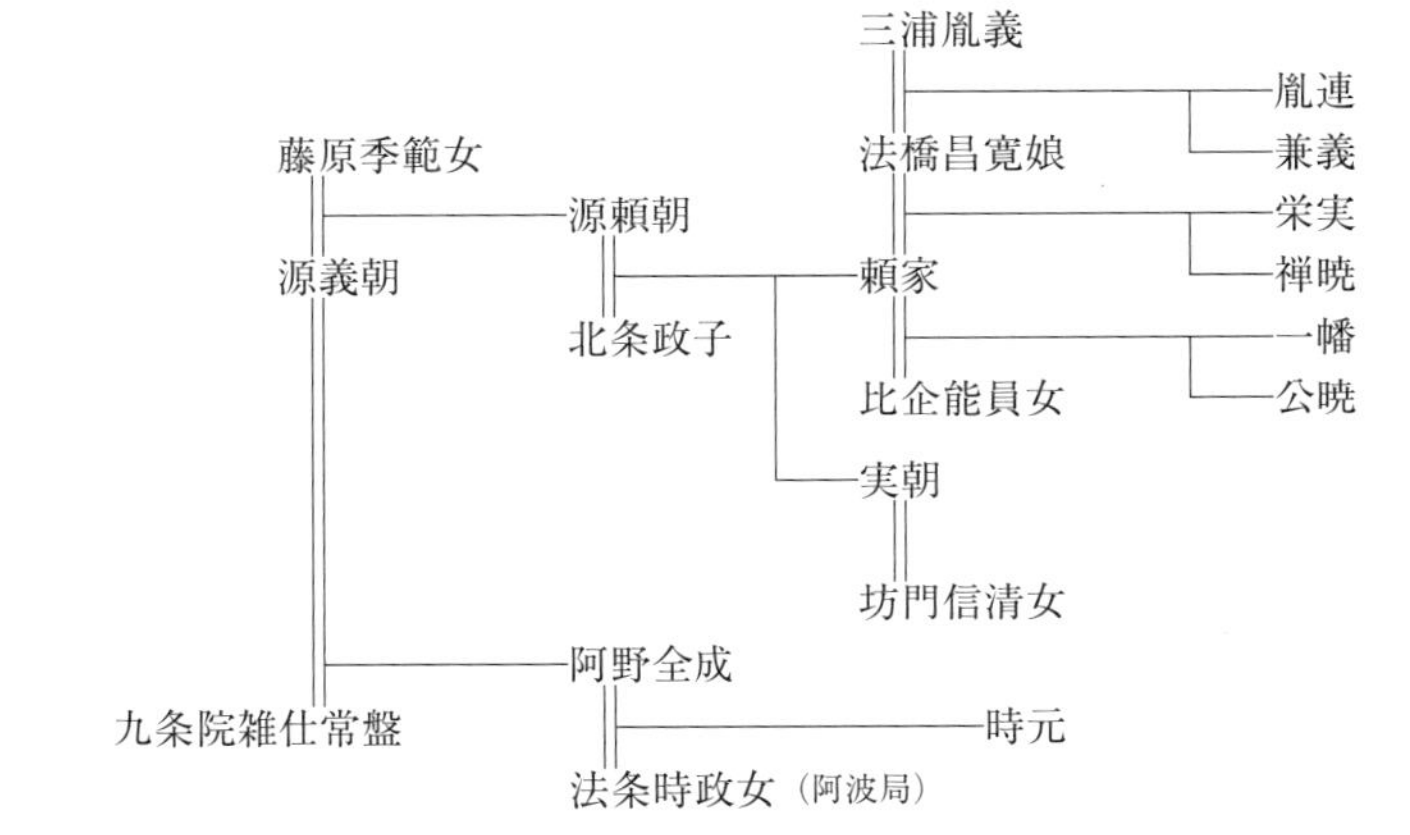

従来の解釈では、説明の難しい問題であった。しかし、以仁王が皇位継承問題で憤りをくすぶらせていたことが明らかになってくると、挙兵の主体は以仁王の側にあったのではないかと考えるようになった。頼政の立場も、以仁王を担いで平氏と対決しようとした源氏の棟梁ではなく、以仁王の挙兵計画のなかで平氏を討伐する追討軍の総大将に変化してきた。

既に述べたように、高倉宮以仁王は六条天皇の養子として、憲仁親王と東宮の地位を争った。以仁王は、仁安三年（一一六八）三月二〇日に憲仁親王が即位して高倉天皇となることは我慢したものの、治承四年（一一八〇）二月二一日に高倉天皇が安徳天皇に譲位したことには我慢できなかった。皇位継承の可能性を断たれたことが、以仁王挙兵の重要な要因である。

しかし、以仁王は挙兵にあたって重大な矛盾を犯した。憲仁親王と東宮を争って敗れた後も彼を支持したのは、八条院に仕えた人々であった。以仁王が挙兵のよりどころとしたのは、鳥羽院・美福門院に仕えた人々の末裔で構成された八条院の院司《いんじ》と全国に広がる八条院領を治める武士であった。以仁王は、そこに、平氏の全盛時代に苦渋を嘗めた人々、保元・平治の乱に怨念を残す人々を加えることによって全国規模の叛乱を構想していった。その構想のなかで、頼政は畿内で挙兵した軍勢の指揮をとることになった。以仁王の挙兵は、頼政の老練な軍勢の指揮があってはじめて実施可能となるものであった。

ところが以仁王は、後白河院政と相入れない人々を支持母体としたにもかかわらず、後白河院の第二皇子の立場から皇位継承の正統性を主張して挙兵したのである。自らを壬申の乱に勝利した天武天皇になぞらえ、高倉天皇の子安徳天皇を擁して悪政を行う平氏一門を討つと宣言したのである。したがって、八条院に仕える畿内の武士は、以仁王の意図通りにはあまり集まらなかったのである。

以仁王が矛盾を犯しながらも決断した背景には、次のようなエピソードがあった。九条兼実《かねざね》の日記『玉葉《ぎょくよう》』治承四年六月一〇日条には、以仁王挙兵に関わる次のような話が記されている。

（前略）そのなかに、相少納言《そうしょうなごん》宗綱《むねつな》という人がいた。この男は、日頃から人相の術を好んで学んでいた。かの宮（以仁王）は国を譲り受ける相（天皇の位に就く相）をしていますと占った。この事件の大元は、この人相にあるのだろうか。口外できないことである。

相少納言の異名をとった藤原宗綱は、以仁王挙兵に加わり、以仁王が光明院の鳥居で討死した後に捕らえられた。宗綱は人相を学び、以仁王が天皇の位に就く相をしていると占った。以仁王が挙兵を決断するにあたって、この占いの後押しを受けたことは否定できないであろう。

宇治川の合戦に参加した武士たち

治承四年（一一八〇）五月一五日、以仁王の挙兵計画が発覚した。朝廷は、以仁王が八条院の猶子であることから、八条院御所に出入りした武家を追捕《ついぶ》の使者に選んだ。以仁王の追捕には頼政の養子兼綱《かねつな》と源光保の子光長《みつなが》、八条院御所にいた以仁王の子供たちの追捕には八条院の乳母子平頼盛が向かった。朝廷は以仁王を夢想にとりつかれた狂人とみなし、頼政が軍勢の指揮をとることを知らなかった。この油断が、たんなる政変ですんだ事件を反乱へと拡大させることになった。

五月一五日、以仁王は計画が洩れたことを知って、園城寺《おんじようじ》に逃れた。この時、園城寺長吏《ちようり》は房覚《ぼうかく》、後白河法皇の熊野詣で先達《せんだつ》を勤め、高倉天皇・安徳天皇と二代の護持僧を勤めた平氏寄りの人物である。房覚は以仁王が園城寺に入ったことを知ると、大衆《だいしゆ》が以仁王に味方しないように慰撫に努めた。一方、園城寺の院家平等院《びようどういん》（後に円満院《えんまんいん》と一体になる）は、以仁王が逃げ込んだことを聞くと、円満院大輔源覚《だいふげんかく》・千葉常胤《つねたね》の子律静房日胤《りつじようぼうにちいん》・尊上房《そんじようぼう》が急先鋒になって積極的に支持を表明した。平等院門跡円恵法親王《もんぜきえんえほつしんのう》は制止を加えたものの、もはや聞き入れられる状況にはなかった。

五月二二日、頼政は在京していた五十騎ほどの軍勢を率いて園城寺に向かい、以仁王と合流した。この段階で、園城寺は寺内の意見をまとめることができず、以仁王にとって一時の落ち着き場所でしかなかった。

五月二六日、以仁王は園城寺で参加した僧兵を加えて興福寺に向けて出発した。しかし、朝廷が派遣した追討使の追撃は厳しかった。頼政は、以仁王を興福寺に逃がすため一部の兵を護衛につけて先行させ、本隊は宇治橋のたもとに陣を布いた。

戦後、岩波書店の日本古典文学大系をはじめとした叢書に次々と収録されて『平家物語』流布本の地位を確立した覚一本《かくいつぼん》は、園城寺の僧兵や頼政にしたがった摂津国渡辺党の記述を詳しくした合戦の描写となっている。しかし、長門本《ながとぼん》をはじめとした『平家物語』の異本をみると、この合戦には頼政の一族や東国の武士団が少なからず加わっていた。頼政の養子となっていた帯刀先生《たてわきせんじよう》義賢《よしたか》の子源仲家とその子仲光、仲家は後に信濃国で挙兵する源義仲の兄である。伊豆国在庁工藤介茂光の一族と思われる工藤五郎・六郎の兄弟、彼らは頼政の自害を確認した後、伊勢国大湊から船で国に帰ったと伝えられる。下総国の下河辺氏も、下河辺清親《きよちか》が頼政のもとに最後まで留まり、頼政の首を隠した後、東山道から帰国したと伝える。また、下河辺氏はこの合戦で安房太郎が討死にしたものの、一族の多くは東山道を通って本国に帰ったと伝えられる。頼政の御霊《ごりよう》をまつる頼政神社は、下河辺氏の本拠地古河を中心に各地に点在している。

また、園城寺の僧兵のなかには千葉常胤の子日胤や山内首藤俊通《やまのうちすどうとしみち》の子俊秀《しゆんしゆう》の名前がみえ、八条院判官代《ほうがんだい》を勤めていた下野国足利荘《あしかがのしよう》の足利義房《よしふさ》もこの合戦に加わっていた。

以仁王の挙兵計画は未然に発覚したため、小さな騒乱で収まった。しかし、宇治川合戦に参加した人々の縁者は、その後の東国の動乱で大きな役割を果たすことになる。

坂東に広がる波紋

以仁王挙兵に関わった人々の縁者は謀反人の与党とみなされ、追捕の対象になるのではないかと密かに恐れを抱いていた。当面あがる名前としては、伊豆国にいた頼政の孫源有綱と在庁官人工藤介茂光、下総国の千葉常胤と下河辺行平《ゆきひら》、下野国の足利義兼《よしかね》、信濃国の源義仲である。彼らは、静かにしていてほとぼりをさますか、思い切って兵を挙げるか、いずれかの選択を迫られる立場に立たされていた。ところで、肝心の源頼朝は、どういう立場にいたのであろうか。

『吾妻鏡』は、以仁王令旨が頼朝のもとに届いた日を四月二七日と伝える。この時代、京都・鎌倉間の移動は、歩いて一三日、早馬で三日である。以仁王が令旨を持たせた源行家は、熊野新宮で育ち、八条院蔵人の肩書をもっていた。行家は諸国に散らばる熊野三山の末社と八条院領荘園を利用できる立場にあり、移動に不便を感じることはなかったはずである。行家が四月九日に京都を出発して伊豆国府に到着するまでに一八日を要したことは、諸国の源氏に以仁王令旨を伝えながら進んできたと考えなければ、日数は合わないであろう。

『平家物語』は行家が四月二八日に京都を出発し、美濃・尾張の源氏に令旨を伝えながら、頼朝のもとには五月一〇日に到着したと伝える。『吾妻鏡』は、この日以仁王挙兵のことを伝える下河辺行平の使者が到着したと伝える。五月一〇日に何らかの伝達があったことは、事実なのであろう。

頼政の挙兵計画のなかで、伊豆国は頼政の嫡孫有綱や工藤介茂光が在国した重要拠点である。頼政は彼らに対して使者を派遣すればよいので、以仁王令旨によって軍勢催促を行う必要はない。もし、頼政が頼朝に協力を求めるのであれば、有綱が赴けばよいだけの話である。行家が、わざわざ以仁王令旨を伝える必要はない。伊豆国にありながら、以仁王令旨がもたらされるまで何も知らされなかったとしたら、頼政は頼朝を重要人物と考えていなかったとみなさざるをえない。

山本兼隆の可能性

以仁王挙兵失敗の報せが伊豆国に届くと、有綱はいち早く藤原秀衡《ひでひら》を頼って奥州に落ちていった。六月二九日、伊豆国は平時忠《ときただ》の知行国となり、時忠の猶子時兼《ときかね》が伊豆守に補任された。また、時忠は史大夫《しだいぶ》中原知親《ともちか》を目代《もくだい》として下向させた。時兼は日記の家として知られた文官、中原知親もまた「長《なが》面《つら》の進士《しんし》」とあだ名された文章道の官人であった。平時忠は、源頼政が長年支配した伊豆国を、文官によって治めようとした。ソフトランディングをねらった人選といえよう。

一方、伊豆国には平氏重代の家人平信兼の子、検非違使大夫尉《けびいしたいふのじょう》山木兼隆《やまきかねたか》が在国していた。伊豆国が平時忠の知行国になってから、山本兼隆が「平相国禅閤《へいしょうこくぜんこう》の権を仮《か》り、威を郡郷に輝かす」ようになったと伝えられる。

山本兼隆は、父信兼の申請によって治承三年正月一九日に現職を解任され、平清盛の沙汰によって伊豆国山木郷に蟄居《ちっきょ》させられていた。『吾妻鏡』は伊豆国流人と伝えるが、兼隆は朝廷の罪人ではなく、平氏一門の内輪もめで飛ばされていたのである。伊豆国の武士団は、平氏重代の家人で従五位下行検非違使左衛門少尉の前官をもつ山本兼隆を新たな棟梁とみなしはじめていた。何事もなければ、伊豆国は、目代中原知親が行政を掌握し、山本兼隆が国の棟梁として成長することによって安定したのであろう。そうなれば、頼朝の動きは封じられることになる。読者は、頼朝挙兵抜きの治承・寿永の内乱を想像できるだろうか。

頼朝の誤解

史大夫三善康信《みよしやすのぶ》の妹は、頼朝の乳母になっていた。この縁から、三善康信は頼朝に以仁王挙兵の顚末を知らせるため、弟の康清《やすきよ》を伊豆国に派遣した。康清が伊豆国に入ったのは六月一九日。頼朝に奥州に逃れたほうがよいと勧めたという。頼朝は三善康信の厚情に感謝し、その言葉を信じた。奥州に逃れるか、伊豆国に留まって挙兵するかを迷った後、安達盛長《あだちもりなが》を軍勢催促の使者として源家重代の家人のもとに派遣した。安達盛長が伊豆国北条館《ほうじょうのたち》を出発したのは、六月二四日のことである。

ところが、京都は清盛が持ち出した福原遷都《ふくはらせんと》の問題によって大騒ぎになっていた。朝廷には、以仁王令旨を受け取った諸国源氏のことを議論しているゆとりなどなかったのである。以仁王挙兵に参加した園城寺に対する処分も、六月二〇日になってようやく決定することができた。園城寺に対する処分は、寺門派《じもんは》の高僧が帯びる僧官を解任して朝廷が行うさまざまな法会《ほうえ》への出席を禁止すること、園

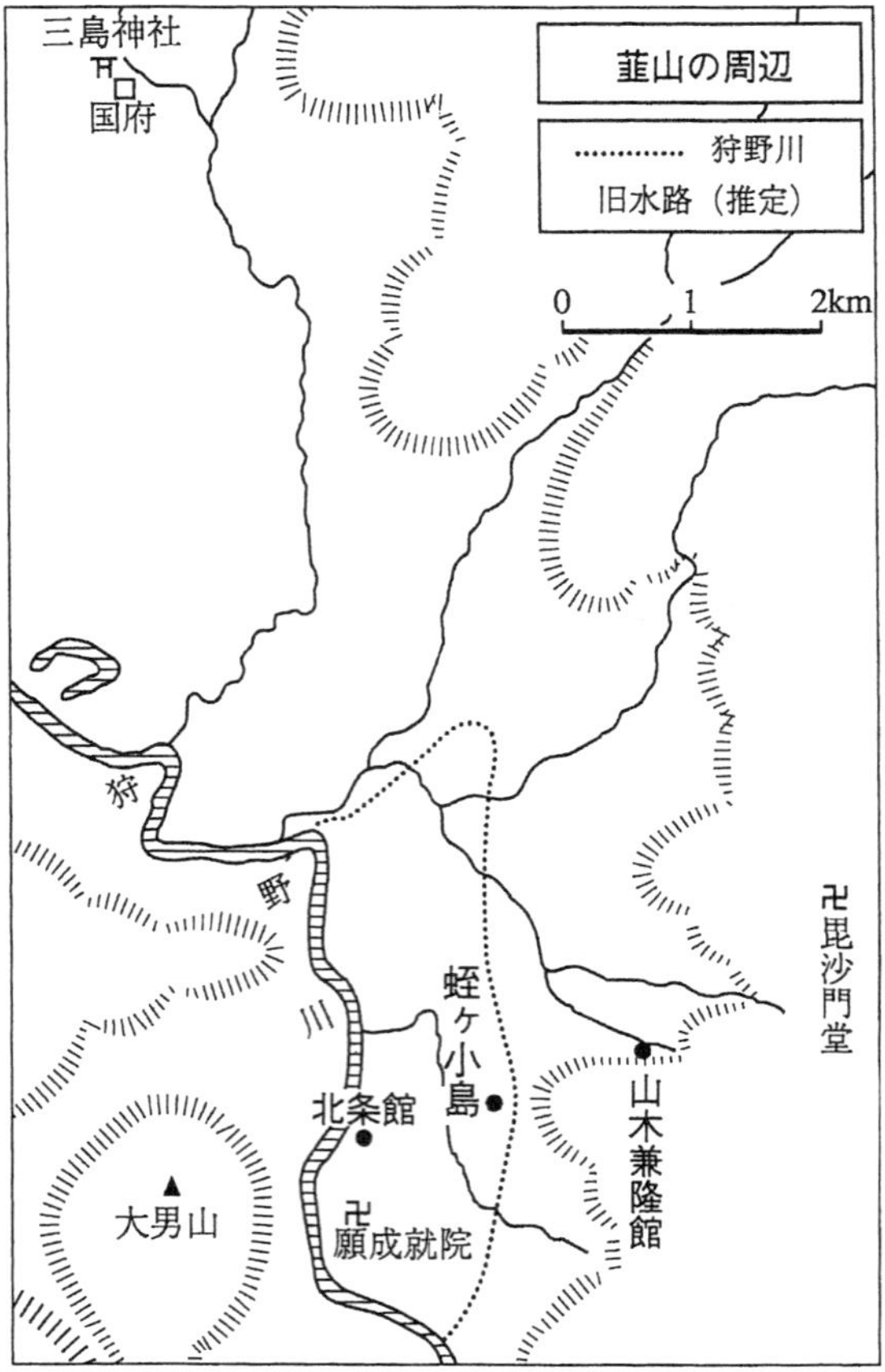

古代末期の利根川の流路（『八潮市史』より）

城寺に付属する末寺《まつじ》と荘園を没収して国司の管理下に置くこと、以仁王を受け入れた平等院門跡円恵法親王が勤めていた四天王寺《してんのうじ》検校職《けんぎょうしき》を没収することであった。四天王寺検校職は園城寺が独占的に勤めてきたポストであったが、この役職に長年の宿敵天台座主《てんだいざす》明雲《みょううん》を任命した。このことは、延暦寺と園城寺の対立をさらに激化させることになった。二〇年も前に伊豆国に流された頼朝のことなど、頭の隅にもなかったというのが実状であろう。

六月二七日、三浦義澄《よしずみ》と千葉胤頼《たねより》が伊豆国の北条館に立ち寄り、頼朝と密談した。二人は、内裏大《だいりおお》番役《ばんやく》を終えて帰国するところを、以仁王挙兵のため足止めされていた。胤頼は以仁王とともに討死した日胤の兄弟、謀反人与党として追捕されたとしても文句のいえない身であるが、帰国を許された。このことは、千葉氏に対する処罰が行われないか、形式的なものですむことを意味していた。七月に入ると、安達盛長から波多野《はたの》氏と山内首藤氏に対する交渉が不調であった旨の報告がもたらされた。頼朝の軍勢催促は、必ずしも順調なものではなかったのである。

八月二日、大庭景親《おおばかげちか》が坂東に住む平氏家人を率いて相模国に到着した。伊豆国に残る頼政の孫有綱を追捕するための下向であった。清盛は、有綱や工藤介一族との合戦は避けられないものと判断し、坂東諸国の平氏家人に軍勢催促する権限を大庭景親に与えていた。しかし、有綱はすでに奥州の藤原秀衡を頼って逃げていたため、清盛の危惧は杞憂に終わった。

このような平氏の動きをみると、頼朝が何もしなかった場合、伊豆国は平時忠の知行国として平穏に治まったとみられる。三善康信が頼朝まで追捕の手が延びると伝えたことは、完全な判断ミスといえる。しかし、この誤った情報は頼朝に恐怖心を植え付け、挙兵へと駆りたてることになった。頼朝の前にたちはだかったのが、有綱討伐のために相模国に下ってきた大庭景親であった。

3　頼朝に比肩しうる人々

源頼朝のサクセス・ストーリーとしてその挙兵を読むと、誰もがよく知る明快なストーリーになる。しかし、頼朝と関わったことによって人生を大きく変えていった人々について分析を加えていくと、思いもしない歴史の断層が現れてくる。上総国に流されていた平家の公達《きんだち》伯耆少将時家《ときいえ》や、平氏一門と結びつくことによって全盛時代を築きながら巧みな変わり身をみせた畠山重忠《はたけやましげただ》は、源頼朝との間に緊張関係が存在することを前提とした主従関係を築いた。彼らが目の前に示されていた今ひとつの選択肢を選んでいたら、頼朝挙兵という物語はまったく別の様相を呈していた可能性がある。ここでは、平時家・上総権介広常《かずさごんのすけひろつね》・畠山重忠のそれぞれの立場から頼朝挙兵という事件を考え、深層に迫っていくことにしよう。

上総権介広常の選択

治承四年（一一八〇）九月一九日、上総権介広常は上総国の周東・周西・伊北・伊南・庁南・庁北六郡の軍勢二万騎を率いて、頼朝の隅田川の陣に着到した。このとき、頼朝が率いた軍勢は三千騎、豪族として名の通った武士は三浦介と千葉介のみであった。広常は、平氏の与党をひとつひとつ潰しながら軍勢を進めたため合流が遅れたと説明した。広常は大軍を率いての着到に対するねぎらいを予想していた。しかし、頼朝は広常の遅参を叱責《しっせき》した。広常は、頼朝の態度に器量の大きさを感じ、信服したと伝える。芝居のようによくできた場面であるが、広常の置かれた条件を考えれば、真実とみてよいであろう。

上総権介広常は、平大納言時忠の子四位少将平時家を婿君としていた。平氏一門と後白河法皇は、高倉天皇の母建春門院平滋子を通じて蜜月関係を築いていた。建春門院御所は両者の交流する場となり、滋子の弟親宗《ちかむね》と甥の時家は両者の意向を理解して動くことのできる仲介役となっていった。建春門院が安元二年（一一七六）に薨去《こうきょ》した後、院の近臣と平氏一門の間で意思を通わせることが難しくなり、治承元年には鹿ヶ谷《ししがたに》事件が起きた。その後も院近臣の挑発が続いたため、平清盛は治承三年一一月一七日にクーデターを起こして後白河法皇を幽閉した。平時家は院近臣とみられていたため、この日、近衛少将を解任された。朝廷が行った処罰は解任のみであったが、清盛は上総国に流して広常に預けた。広常は、時家を預かって監視する一方で、婿君として暖かく迎えた。広常は平氏与党を潰しながら進軍したため遅参したと説明したが、頼朝の挙兵を好機ととらえ、国内の敵対勢力を潰しながら、頼朝に向けて軍勢を進めたというのが真相であろう。

『吾妻鏡』が記す広常の二心とは、頼朝の器量が本物であれば盛りたてて坂東に新しい政権をつくり、頼朝の器量を小さいとみれば時家を総大将として討ち取り、頼朝の首を手みやげとして時家を京都に復帰させることであった。

広常には、坂東に新しい国を造ろうとした平将門《まさかど》の叔父村岡五郎良文を祖とし、坂東を亡弊の国といわしめるほどの激しい反乱をおこした平忠常《ただつね》といった自主独立の気風をもつ先祖がいる。上総氏がこれらの人々を家の歴史として語り継いだことにより、広常は坂東という範囲で考えることを自然に身をつけていたと思われる。坂東に新しい国を造ろうとした先祖をもつ広常こそ、頼朝の挙兵を最もよく理解できる人物であった。「貴主再興」という意識で頼朝にしたがった三浦氏と、キング・メーカーを演じようとした上総権介広常では、スケールがまったく違ったといえる。そして広常の場合、そのスケールの大きさが己を滅ぼすことになったのである。

平時家の可能性

ここでひとつの可能性として、上総権介広常が伯耆少将時家を総大将として頼朝討伐の軍勢を起こした場合を考えてみよう。

頼朝支持の立場を明確にした千葉常胤や三浦義澄、安房国の安西《あんざい》氏・丸《まる》氏などを滅ぼすことに誰も異論を唱えることはできないはずである。この軍事行動によって、上総氏は房総半島から三浦半島を勢力下に収めることが可能になる。また、時家と広常は、朝廷から謀反人討伐の勲功賞を受けることになる。時家は、第一に左近衛少将への還補《げんぷ》の手続きがとられ、従四位上への昇叙ないしは右近衛中将への転任が行われるはずである。広常は正六位上の位階をもつため、従五位下への昇進が行われることは確実で、京官ないしは国守への補任が行われることになると思われる。

この段階では、平氏一門に擁立された高倉上皇が院政を行い、後白河法皇は鳥羽離宮に幽閉されていた。広常は、清盛の懐刀で、「平氏にあらずんば、人に非らず」と歴史に残る名言（暴言）を吐いた平大納言時忠と結びつくことになる。時忠の子時家の後ろ盾となることによって、数か国の受領を歴任し、巨万の富を築いた都の武者となる未来を描くことができるようになる。

上総権介広常は、この二つの選択肢のなかから、源頼朝とともに坂東に独立国家を築くことを夢みたのである。

養和元年（一一八二）、時家は頼朝のもとに出仕するようになった。都への憧れを捨てきれない頼朝は、時家を側近くに置きたかったのである。寿永元年、伊勢外宮神主度会為保《わたらいためやす》が訴訟のため鎌倉を訪れた。度会為保は将軍御所に出仕する御家人たちが誰何《すいか》しても答えようとせず、時家が問いただしてはじめて姓名と用件を伝えた。鎌倉幕府が坂東の反乱軍であったころ、公家社会が交渉相手とみなしうる相手は頼朝本人と時家しかいなかったのである。

頼朝が鎌倉殿としての地位を安定させた養和元年、頼朝が三浦に向かう途中で広常の一行と参会した。この時、広常は「公私とも三代、いまだその礼を知らず」といって、源頼朝に対して下馬《げば》の礼を取らなかった。広常には「俺がここまでにしてやったんだ」という思いがあり、頼朝が武家の棟梁として権威を固めていくための障害となってきた。それゆえ、広常は殺されなければならなかったのである。

一方、時家は建久四年（一一九三）に鎌倉で亡くなった。頼朝に気に入られ、都へ返してもらえなかったのである。

一旦の恩か、重代相伝の君か

以仁王が挙兵した時、畠山重忠の父畠山庄司《しょうじ》重能《しげよし》は大番役を勤めるため在京していた。寿永二年（一一八三）、平維盛《これもり》を大将軍とする追討使が北陸道に派遣された。畠山重能は都に伴った武士団を率いて出陣し、木曽義仲の軍勢と激戦を交えた。一方、武蔵国に残っていた畠山重忠は頼朝のもとに参向し、鎌倉幕府の重要な合戦で先陣を勤めた。畠山氏は、治承・寿永の内乱で武勇を輝かせた武士団のひとつである。

ところで、畠山氏が源家重代の家人で、畠山重忠が頼朝に対して自然な感情で忠誠をつくしたのかというと、必ずしもそうとは言い切れない。頼朝の属する河内源氏と重忠の属する秩父一族は、その時々の状況に応じて変化するきわめて流動的な関係にあった。このとき、重忠は頼朝に対して人一倍忠実に振る舞わなければ安心のできない立場にいたといえる。ここで、秩父氏と河内源氏の関係を整理しておこう。

秩父氏は、武蔵国秩父郡秩父郷を名字の地とする武士団である。秩父氏は、秩父盆地から荒川沿いに比企丘陵へ進出し、比企丘陵に出ると上野国府と武蔵国府を結ぶ街道沿いに勢力を拡大した。武蔵国衙《こくが》の在庁官人となった後は、一族が国内の交通の要衝に土着し、武蔵国内の武士団を束ねる国棟《くにのとう》

秩父氏系図

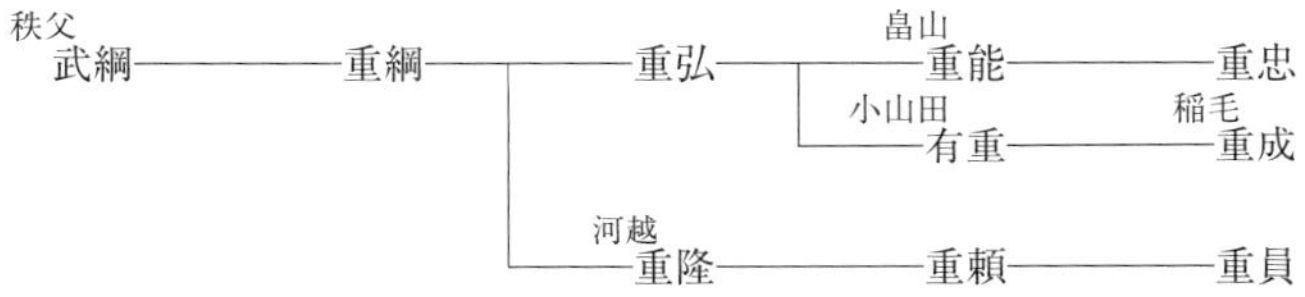

梁《りょう》へと発展していった。秩父氏の家督が代々継いだ武蔵国衙の役職が、留《る》守所《すどころ》惣検校職《そうけんぎょうしき》である。

久寿二年（一一五五）、武蔵国小代《しょうだい》（東松山市正代）にいた源義朝の子悪《あく》源太義平《げんたよしひら》は、比企郡大蔵館《おおくらやかた》（比企郡嵐山町大蔵）にいた叔父の源義賢とその舅河越重隆《かわごえしげたか》を急襲し、殺害した。保元の乱の前哨戦に位置づけられる大蔵合戦である。義賢は左大臣藤原頼長に親しく仕えていたが、上野国多胡《たこ》郡に下向して本拠地とし、河越氏の婿となることによって武蔵国にも勢力を広げていた。

鳥羽上皇は、平氏一門を政権を支える武力として育成していった。摂関家に仕えることによって勢力の伸張をはかってきた清和源氏は鳥羽上皇から冷遇され、為義の官位は検非違使大夫尉で頭打ちとなり、国守に補任されることはなかった。為義は、子弟を積極的に地方に派遣することで地方の武士団を掌握し、また摂関家に仕える武士を束ねることによって、勢力の回復をはかっていた。

為義の嫡子義朝は相模国鎌倉館を本拠地にして武蔵国への勢力拡大をはかっていた。義朝は鳥羽院の北面《ほくめん》に出仕し、鳥羽院と藤原忠実・頼長父子

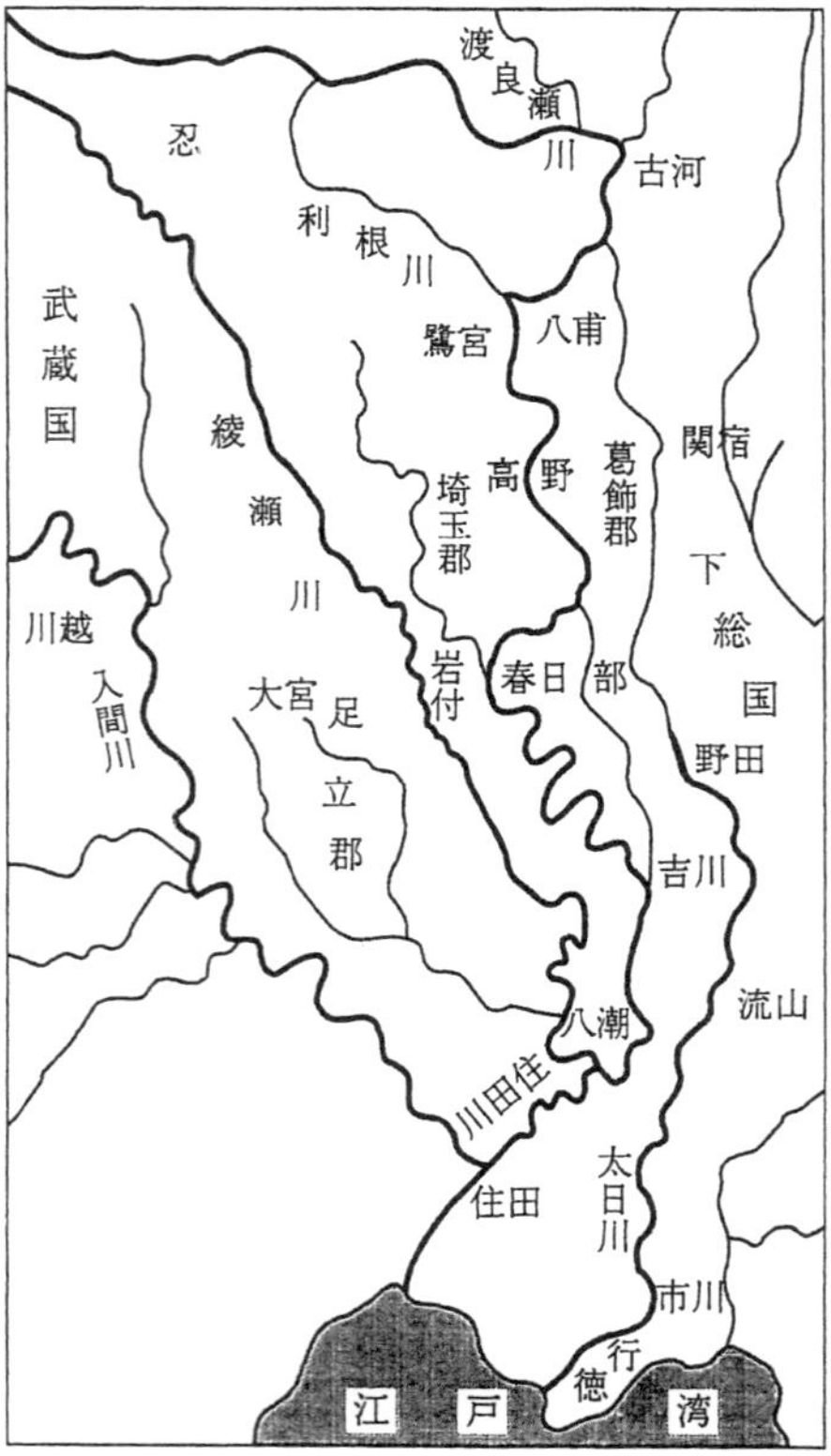

古代末期の利根川の流路（『八潮市史』より）

の対立が激化してきたときも、鳥羽院の側にあることを明らかにした。京都における為義・義朝父子の対立が武蔵国に波及したのが、大蔵合戦である。

秩父氏のなかでは、家督を継いでいた河越重隆が源義賢を婿君に迎え、児玉党《こだまとう》の有道経行《ありみちつねゆき》に嫁いだ秩父重綱《しげつな》の姪が源義平の乳母として比企郡小代の館に迎えられていた。畠山重能は、義平の陣営に加わっていた。幾重にも重なった対立の構図を凝縮させた者たちが、大蔵と小代で向かい合ったのである。河越氏はこの合戦に敗れ、比企郡河越から入間郡葛貫に退いた。ところが、義朝は五年後の平治の乱で滅亡し、武蔵国は平氏の知行国となった。河越氏は平氏の家人となることによって勢力を盛り返し、庶子家を分立させて武蔵国全域に勢力を広げていった。義平に従った畠山氏もまた平氏の家人となり、平氏知行国の時代に秩父氏族は全盛時代を迎えた。

坂東武士の論理

頼朝の挙兵が伝えられた時、武蔵国に残っていた畠山重忠は大庭景親の軍勢催促に応じて兵をおこし、河越重頼の協力をえて三浦氏の籠《こも》る衣笠城を攻め落とした。

その後、頼朝は上総権介広常・千葉常胤の参陣によって勢力を盛り返し、九月二日には隅田川を渡って武蔵国に入った。畠山重忠が「平氏は一旦の恩、佐殿《すけどの》は重代相伝《じゅうだいそうでん》の君なり」と言って着到したのは、九月四日のことである。ここで畠山重忠が着到と言ったことに、重要な意味がある。三浦氏を攻めたことは平氏に与《くみ》した行為であるが、朝廷が認めた謀反人を追討した官軍である。頼朝は、「平氏から受けた恩を果たすために一度は合戦しましたが、義理は果たしたのでこちらに参りました」と言って参陣の手続きをとった畠山重忠を受け入れ、鎌倉進軍の先陣を命じた。重忠の言葉は誰もが主張することのできる論理だったため、坂東の平氏家人は頼朝のもとに続々と加わっていった。

頼朝が重忠を誅《ちゅう》した場合、数千騎の軍勢を集めることのできる秩父一族は、坂東の平氏家人に軍勢催促のできる大庭景親と武蔵野で合流し、存亡をかけた戦いを頼朝軍に挑むことになろう。

頼朝は重忠を許すことによって坂東の平氏家人が安心して参陣できることを示した。頼朝が坂東の主となるべく相模国に軍勢を進めたのは一〇月六日、平氏家人の中核的存在、大庭景親・伊東祐親・足利忠綱はまだ頑張っていたが、大勢はすでに決していた。

第二章　ポスト頼朝を勝ち残るのは誰か
――比企氏の乱への道

1　宿老たちの選択

頼家と北条氏の対立

正治元年（一一九九）正月一三日、頼朝が薨去した。鎌倉幕府は、この時から元久二年（一二〇五）の牧《まき》氏《し》事件にいたる七年間の政治の季節を迎えることになる。

治承四年（一一八〇）、頼朝は源家重代の御家人を称する坂東の有力武士団に擁立されて「鎌倉殿」の地位に就いた。この地位は、木曽義仲や平氏政権との合戦に勝利することによって磐石なものとなった。しかし、鎌倉幕府のなかには、キング・メーカーを気取る上総権介広常、奥州の藤原秀衡を後ろ盾にもつ弟の義経、頼朝との関係を同盟と考える甲斐源氏の人々など、頼朝の絶対的な地位を認めない人々がいた。頼朝は、彼らを次々と粛正することによって、将軍家の地位を絶対的なものにしていった。「将軍独裁」と呼ばれる体制である。

二代将軍頼家は、この体制を継承しようとした。しかし、頼朝と頼家の間には、カリスマ性を帯びた創設者と、組織の枠組みのなかに組み込まれた二代目の違いがあった。頼家が鎌倉幕府のオーナーとして振る舞おうとしても、宿老たちは「右大将家御時之例《うだいしょうけおんときのれい》」を持ち出して、先代のとおりにやりましょうと反発した。頼家が鎌倉殿を継承したのは、数えで一八歳。父親と立場が違うことに気づくには、経験が不足していたといえる。ここに、頼家の悲劇の原因があった。

この時代の家族制度のなかで、家長の後見人となりうるのは、生母や養父母といった養育権をもつ親、主人の子供を預かって養育した乳母夫である。頼朝は、嫡子頼家の養育を乳母比企尼《ひきのあま》の縁者に託した。比企尼は、夫の実家比企氏や、娘の嫁ぎ先河越氏・平賀《ひらが》氏を推挙して頼家の周囲を固めた。一方、北条氏は北条政子の妹阿波局《あわのつぼね》が実朝（幼名千幡《せんまん》）の乳母に就き、阿波局の夫阿野全成《あのぜんじょう》（幼名、今若）が乳母夫《めのと》に就任した。乳母は養育係を仰せつかった女性、乳母夫は養育の責任を負う後見人である。頼家の時代の政治史が比企氏と北条氏の対立という形で展開するのは、将軍頼家の支持勢力が比企氏を中心に形成され、北条氏がこの集団から外されたことが最大の原因である。頼家政権のなかで主流に入れなかった人々は、頼家の対抗馬となりうる実朝を擁する北条家と手を結んだのである。頼家と北条氏の対立は、頼朝が造り出したものといっても過言ではないであろう。

頼朝の構想と北条氏

頼家は、寿永元年（一一八二）八月一二日に誕生した。この日、頼朝は河越重頼に嫁いでいた比企尼の娘を乳母に任じ、乳付役《ちづけやく》を仰せつけた。頼家が御産所から御所に遷った一〇月一七日、比企尼の甥比企能員《よしかず》が乳母夫として届けられた進物の管理を行った。文治四年（一一八八）七月四日、頼朝は源家一門の加賀見遠光《かがみとおみつ》の娘に、着甲始《かぶときはじめ》にのぞむ頼家の介添を命じた。七月一〇日の御着甲始では、源家一門の武蔵守平賀義信《よしのぶ》が乳母夫として介添役を勤めた。比企能員は、乳母夫の兄として義信を補佐した。比企尼の甥比企能員と娘婿平賀義信が、頼家の扶育《ふいく》にあたることになった。頼朝は、嫡子頼家の養育を比企尼の一族に委ねたといえる。

建久元年（一一九〇）四月七日、頼朝は秀郷《ひでさと》流故実《こじつ》の継承者下河辺《しもこうべ》行平《ゆきひら》を頼家の弓の師に選んだ。頼朝は、平氏追討の戦いのなかで地方武士を大量動員し、それを御家人として抱え込んでいた。草創期の鎌倉幕府は、儀式の場において弓馬の芸を優美に披露する高い技術と、兵の道と呼ばれた戦場におけるマナーと武勇を身につけている者を武者と呼んだ平安時代の水準からいうと、武士と呼ぶにふさわしいモラルと技量をもたない御家人を大量に抱え込んだといえる。そのため、秀郷流故実を鎌倉幕府の弓馬の故実のスタンダードとして採用し、坂東武者に習わせようとしたのである。下河辺氏は、頼政の家人として都に常駐し、平治の乱や以仁王の挙兵で武名をはせた家である。

頼家は、建久四年（一一九三）五月の富士の巻狩で秀郷流故実による弓馬の芸を披露した。頼朝は頼家の巧みな射芸をみて、政子のもとに使者を遣わし、その様子を伝えた。頼朝は、政子から頼家の将来を言祝ぐ口上が返されることを期待した。しかし、政子は「はしゃぐんじゃない」と、とりつくしまもない答えを返してきた。

政子は晩年「辺鄙《へんぴ》の老尼」を自称したが、このような席で期待される祝言を発せない田舎者だったのであろうか。むしろ、簡単には表現することのできない複雑な思いが伏流として流れていたと考えるべきであろう。頼朝は、頼家が後継者として順調に成長していることを印象づけようとしたが、政子は思惑どおりに動かなかったと理解すべきであろう。しかも、富士の巻狩では頼朝の思惑をぶちこわすような事件が最後に起きた。曽我兄弟の仇討ちである。この事件の背後には、北条時政がいたと言われる。頼朝と時政もまた、一筋縄ではいかない複雑な関係にあったことは、頭の隅に留めておこう。頼朝と北条氏の関係がしっくりといくものでなかったことが、比企尼の一族を頼家の後見に選んだ理由の一端にあったのである。

亀前事件の余波

頼朝が、政子やその弟義時に厚い信頼を寄せたことは事実と認めてよいであろう。しかし、頼朝が北条家の家長である時政を信頼していたかというと、疑問符を投げかけておいたほうがよいであろう。

北条時政（一一三八〜一二一五）は頼朝（一一四七〜一一九九）の舅となったが、都での経歴に雲泥の差があり、九歳の年の差では舅として重みを示すことはできなかった。頼朝がまだ伊豆国の流人であったころ、時政は政子（一一五七〜一二二五）のもとに頼朝が通ったことを知ると、平氏の威光を憚れて娘を隠したという。流人とはいえ、頼朝は時政よりも身分が高い。都の通い婚の感覚で時政館を訪れ、高貴な血統を入れるという点では恩恵をほどこすつもりでいたのである。したがって、頼朝の心のなかにはこの時の屈辱が澱のように残り、時政に全幅の信頼を寄せていないことが態度であらわれていたとすると、両者の関係は一筋縄ではいかないものになるであろう。

寿永元年（一一八二）、西国は大旱魃《かんばつ》となった。平氏は生産基盤の維持に追われ、兵粮米《ひょうろうまい》の徴収にも苦労する状態となった。この年は、平氏と木曽義仲の勢力が入り交じった北陸道以外に大きな合戦はなかった。鎌倉は平穏な日々をすごすことができたが、そのゆとりが、つまらぬ事件を引き起こすことになった。亀前《かめのまえ》事件である。

時政の室牧方《まきのかた》は、良橋太郎入道の娘亀前を頼朝に紹介した。頼朝は六月から右筆《ゆうひつ》を勤めた中原光家の家に住まわせて密かに通っていた。このことが一一月に発覚、北条政子は亀前のいた伏見広綱邸を破却する強硬手段に訴えた。これは、前妻が後妻の家に討ち入ることを認めた「後家討《うわなりう》ち」といわれる慣習であった。

後家討ちによって面目を潰されたのが、亀前を頼朝に紹介した時政と牧方であった。間にはさまれた頼朝は、政子と時政のいずれに肩入れするかの選択で、政子に肩入れをした。時政はこのことに怒りを爆発させ、一族を率いて伊豆国江間に退去した。頼朝と時政は、亀前問題で意地の張り合いになったのである。頼朝からみれば、頼りになるのは比企尼の一族という思いを募らせていくことになる。この翌年から、頼朝は一気に勝ち進んでいく。その重要な場面に、時政は登場しない。亀前事件が原因となって、干されていたのである。

軽視される時政

元暦元年（一一八四）正月、頼朝が派遣した上洛軍は、木曽義仲を滅ぼして京都を占領した。その後、比企朝宗《ともむね》は木曽義仲が支配した北陸道に「北陸道勧農使《ほくりくどうかんのうし》」として派遣され、治安維持と収税の確保に勤めた。同年六月五日、頼朝は度々合戦の勲功賞として三河・駿河・武蔵の三ケ国を知行国として給わり、弟の範頼、頼政の子の広綱《ひろつな》、義光流の平賀義信を国守に任命した。頼朝は、公卿の階層である将軍家と侍の階層である御家人の間に、源家一門と呼ばれる諸大夫層を創り出そうとした。また、公文所《くもんじょ》・問注所《もんちゅうじょ》・侍所《さむらいどころ》といった役所を整備することによって、鎌倉幕府の運営にあたる官僚層の形成をはかった。鎌倉幕府の組織造りが進むなかで、時政の占める位置はなかった。頼朝と時政の冷たい関係がわかる。

文治元年（一一八五）一一月、時政に出番がようやく訪れた。義経挙兵の混乱を収拾し、義経追捕を名目とした戦時体制維持を交渉するための上洛である。

この交渉は、後白河法皇や公卿が相手となるところに難しさがあった。御所のなかに乗り込み、彼らと直接交渉できる身分をもつのは、頼朝と平時家のみであった。そのため、頼朝はこの交渉を池大納言頼盛に依頼しようとしたが、荷がかちすぎると辞退されてしまった。頼朝の懐刀といえる大江広元や三善康信は賢者の誉れがあるとしても、公卿と同席できる身分をもたなかった。鎌倉幕府の首脳部に加わったのは公家社会のシステムのなかで不遇をかこった人々で、後白河院政の首脳部と直接対面できる身分を持たなかったのである。

そこで頼朝は、後白河法皇に対する交渉を公正で聞こえた権中納言吉田経房《つねふさ》に託するための使者として、時政を派遣した。吉田経房は、時政を「北条丸」と呼び捨てて見下したものの、頼朝の舅であればしょうがないと交渉に応じた。この局面では、頼朝との親族関係を説明できる時政を起用しなければ、交渉が始められなかったといえる。頼朝としては、他に選択肢もなく、仕方がなかったのであろうか。

翌文治二年三月、時政は京都の警備を北条時定《ときさだ》に託して鎌倉に戻った。この後、頼朝在世中に、時政が活躍する機会はめぐってこなかった。頼朝の舅ゆえに高い席次は与えられても、実権のない飾り物の生活に戻ったのである。

2　頼家政権の実力者たち

頼家の後見人・比企氏

頼家の最大の支持勢力が、頼朝の乳母比企尼の婚家比企氏である。比企氏は武蔵国比企郡の豪族、比企尼は夫比企遠宗《とおむね》の領地武蔵国比企郡を請所《うけしょ》にして下向し、伊豆国に流された頼朝のもとに仕送り

比企氏系図（金剛寺本比企氏系図より作成）

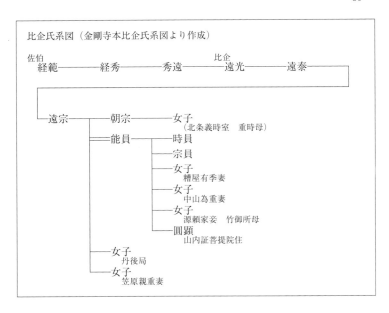

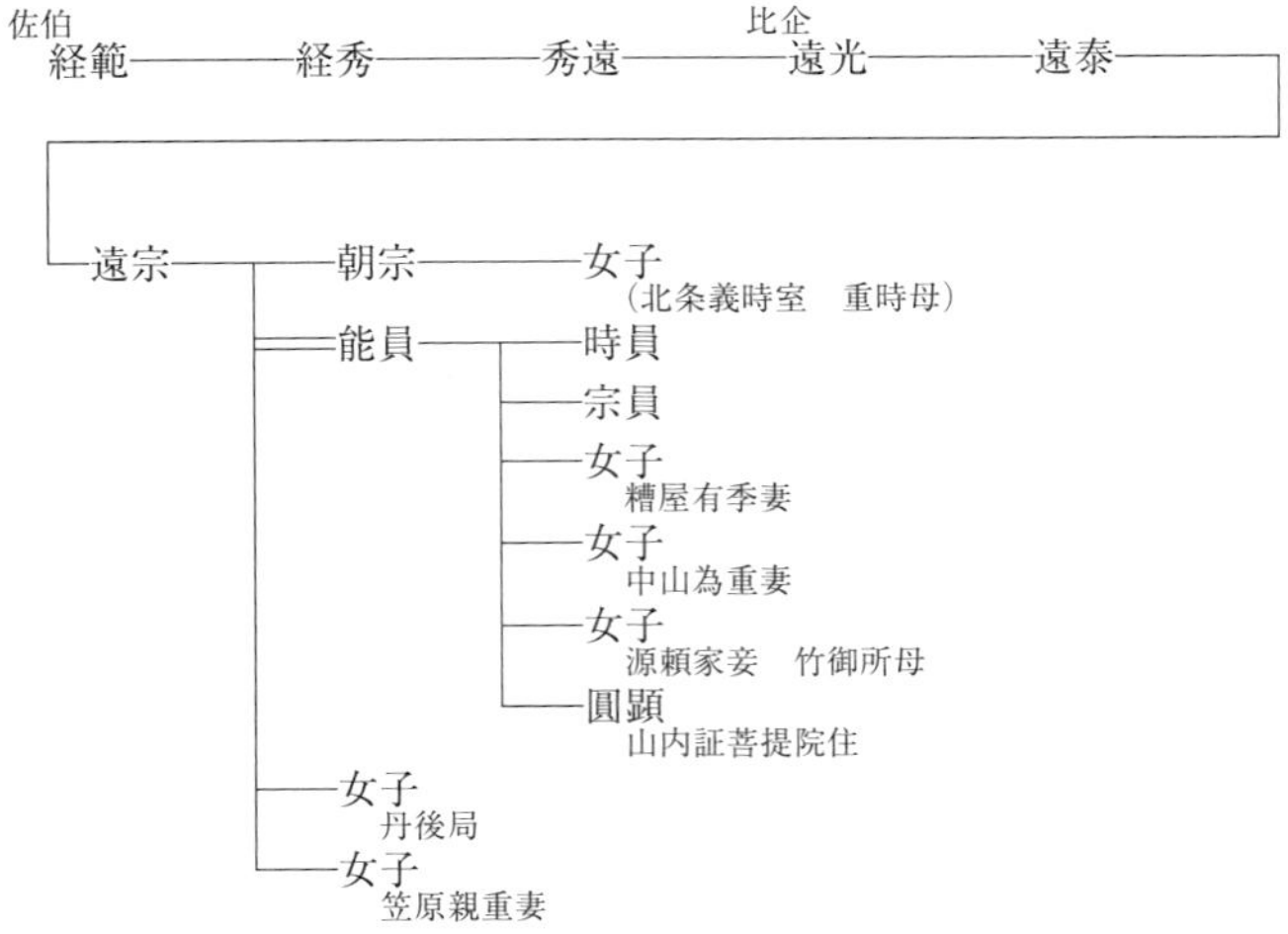

を続けた。また、娘婿の安達盛長を頼朝のもとに遣わして、側近くに仕えさせた。比企氏と頼朝の信頼関係は、流人時代に築かれたものであった。

寿永元年（一一八二）八月一二日、頼家が誕生し、河越重頼の妻が頼家の乳母として御産所に召された。また、平賀義信が頼家の乳母夫に任じられた。乳母夫は、もともとの意味は乳母の夫であったが、主人の子を自分の館に預かって養育する男性を指すようになった。預かった主人の子は「養君《やしないぎみ》」とよばれ、乳母夫は後見する責務を負うようになった。乳母夫の子供たちは乳母子《めのとご》とよばれ、腹心の部下となって活躍した。『平家物語』のなかでも名場面のひとつといわれる「木曽殿最期」にみえる木曽義仲と今井《いまい》兼平《かねひら》の結びつきの深さを思い浮かべれば、主人と乳母子の関係はわかりやすいであろう。

頼朝挙兵の頃の比企氏の惣領は、朝宗と思われる。元暦元年（一一八四）、頼朝は比企朝宗を勧農使として木曽義仲が支配した北陸道に派遣した。頼朝は戦乱によって途絶した年貢の納入を朝廷に約束したので、生産基盤の安定化と輸送ルートの安全確保は重要な課題であった。

木曽義仲は兵糧米として大量の米を徴発したため、比企朝宗は植え付けのための種籾の確保と貸付からはじめなくてはならなかった。比企朝宗は木曽義仲が支配した北陸道十か国の安定化という重要な仕事を命じられたのである。また、頼朝は比企朝宗の娘を北条義時に嫁がせ、比企氏と政子・義時姉弟との結びつきを深めさせようとした。義時と朝宗の娘の間に生まれたのが、北条朝時《ほうじょうともとき》である。

比企朝宗の名前は、建久六年（一一九五）以後、『吾妻鏡』にみえなくなる。比企能員は比企尼の甥で、遠宗から朝宗に続く嫡流とはつながっていない。比企氏は、朝宗から能員に代わる時に嫡流が動いたと考えられる。

頼家は、比企能員の娘を妻に迎えた。『吾妻鏡』はこの女性を「妾《しょう》」と記述する。この時代、家を管理する女主人となる夫人を「室」と呼ぶ。正室は家の動産や儀式・祭祀を管理した。正室として迎えた女性の実家は、夫の社会的地位を示すひとつの指標となり、夫の身分とつりあうだけの社会的地位が必要とされた。武蔵国の豪族にすぎない比企氏では、頼家の「室」となれないのである。しかし、頼家の正室は明らかでなく、一幡は嫡子のように扱われていた。比企能員は一幡の外祖父となり、将軍家の外戚への第一歩を踏み出すことになった。

政子の場合も、身分を考えると、後で述べるように本来は妾である。しかし、頼朝は伊豆国で流人生活を長くすごしたため、対等の家から正室を迎える機会を失っていた。政子は、頼家が嫡子となったことによって、結果として正室の地位を獲得したのである。将軍家をめぐる北条氏と比企氏の関係が同一であり、両者に対抗意識があったことから、北条氏と比企氏は並び立つことができないのである。

源家一門はどこへ向かうのか

頼朝は将軍家を支える勢力として、源家一門の育成をはかった。将軍家の兄弟範頼・阿野全成・義経といった人々、平賀義信とその子大内惟義《おおうちこれよし》、甲斐源氏の加賀美遠光、足利義兼、新田氏の一族の山《やま》名義範《なよしのり》といった河内源氏の末裔、摂津源氏頼政の子広綱である。頼朝はこれらの人々を五位の位階に推挙し、将軍家知行国の国守に推挙した。一般の御家人の所属する社会階層が正六位上の侍であるため、源家一門は将軍家と御家人の中間に位置することになるはずであった。これらの人々が頼朝の思惑を理解して忠実に振る舞っていれば、将軍家を支える一門衆が形成され、源家将軍が断絶することはなかったであろう。

しかし、源家一門のなかには頼朝の考えが理解できなかったり、絶対的地位を認めようとしない人がいた。範頼と義経は頼朝の兄弟として振る舞おうとした。ただし、範頼は頼朝に対してひたすら忠誠をつくす立場をとり、己をひけらかすことがなかった。御家人との間に軋轢もなく、建久四年の富士巻狩で陥れられるまで地位を保てたのもそのためであろう。一方の義経は自らを御家人の上に位置づけ、源家の繁栄は頼朝の兄弟がそろって栄達することと考えていた。頼朝が自身を頂点におくピラミッド型の組織を作ろうとしていることを理解できないところに、義経の悲劇があった。

源三位頼政の子広綱は、頼朝の推挙によって駿河守に任じられた。広綱はこのことを感謝しても、一方で摂津源氏の棟梁としての自負心をもっていた。建久元年の頼朝入京行列供奉人《ぐぶにん》の選に漏れたことを恥辱として、醍醐《だいご》に入って出家を遂げた。京都の公家社会のなかで連綿として続く座次相論《ざじそうろん》のひとつであるが、この感覚のまま鎌倉の武家社会に入ったところに広綱の無理があった。この事件を機に、摂津源氏は頼政以来の大内守護《おおうちしゅご》を勤める都の武者に戻っていくことになった。

甲斐源氏は富士川合戦で平氏の追討使を破り、自力で駿河・遠江の二か国を占領した。また、安田《やすだ》義定《よしさだ》は、寿永二年に木曽義仲の上洛に呼応して軍勢を上洛させ、その勲功によって遠江守に任じられた。安田義定は、頼朝の遠江守護補任を現状の追認と考え、独自の判断で行動した。頼朝から見れば安田氏の行動は組織の秩序を乱すものであり、安田義定・義資《よしすけ》父子は滅ぼされることになった。

鎌倉幕府が安定してくると、頼朝は源家一門の登用をやめ、熱田大宮司家《あつただいぐうじけ》の千秋憲朝《せんしゅうのりとも》や醍醐源氏の源邦業《くになり》を国守に推薦した。源家一門のなかで残ったのは、加賀美遠光・足利義兼・平賀義信・大内惟義・山名義範・阿野全成らであった。このうち、平賀義信と加賀美遠光が頼家の養育にあたり、阿野全成が実朝の養育にあたることになった。

頼家の師匠——下河辺行平

頼朝は、嫡子頼家に弓馬の芸を学ばせるため、秀郷流故実の継承者下河辺行平につかせた。そこには、頼家を二代将軍として鍛え上げようとした頼朝の意図とともに、武士をめぐる時代の大きな変化があらわれていたのである。

平安時代末期まで、武士とは騎射と馬術の巧みな戦士、すなわち職能を身につけた人であった。都で武士と呼ぶに足る人とは、武官のなかでも実戦部隊に所属し、かつ弓馬の芸に秀でた人々であった。馬術に優れた近衛府の官人秦氏《はたし》や下毛野氏《しもつけのし》を武士とは呼ばないことは注意を要する。地方では、弓馬の芸に優れ、かつ国衙に名簿《みようぶ》を奉呈して国侍《くにざむらい》の登録をすませた人々や、中央の権門と結びつき、かつ多くの私兵を蓄えた地方豪族が武士と認められた。武士とは、合戦や儀式を問わず、弓馬の芸に秀でた技術者だったのである。

ところが、治承・寿永の内乱において頼朝・木曽義仲・平氏一門は戦いに勝つため、大量動員を行って武士の底辺を広げた。大量のアマチュアを動員した合戦が繰り返された結果、専門家が高度な技術とマナーを誇った合戦は過去のものとなった。皮肉な話であるが、『平家物語』が滅びの文学として美しいのは、滅びゆく平氏一門が武家の伝統を守った戦いをし、最後は様式化された死の美学を貫いていくためである。

戦いに勝った源氏よりも、滅びた平氏のほうが武士の本来の姿を示していたという現実は、頼朝に深刻な問題を投げかけた。大量に抱え込んだアマチュアを、専門的な技術者として通用するように教育しなければならないのである。そのための手本として選んだのが、秀郷流故実を継承する小山《おやま》・結城《ゆうき》・下河辺といった人々であった。

頼朝は、頼家が武家の棟梁にふさわしい技量を身につけるように下河辺行平を師範に選んだ。頼家は優美な射芸を身につけ、狩猟にも習熟していた。頼家は武家の棟梁として戦場を駆け抜けるにふさわしい訓練を積んだ人であり、人望もあったと考えてよいであろう。政治家として失政があったゆえに御家人からすぐに見放されたと即断するのは、一方的な見方すぎるのではないだろうか。

北条氏と三浦氏の連携

頼家が武家の棟梁にふさわしい器量を身につけ、乳母夫比企氏を中心とした勢力に擁立されて政権をスタートさせた頃、頼家政権に対抗しようとする人々が千幡《せんまん》（源実朝）のもとに集まってきた。中心にいたのは、政子、弟の義時や、妹阿波局の夫で千幡の乳母夫となっていた阿野全成などである。頼家政権が安定したスタートを切ることができたなら、この人たちは動くことができなかったであろう。しかし、頼家は性急に動きすぎ、政権発足間もない頃から宿老たちと対立した。そこに、千幡擁立派のつけ込む隙が生じた。

北条氏以外に千幡支持の立場をとった有力者に、三浦義村《よしむら》がいる。三浦氏は、三浦半島を中心に房総半島まで勢力を延ばし、三浦介を通称とした相模国の在庁官人である。治承四年（一一八〇）八月の衣笠合戦で三浦義明《よしあき》が討死した後、嫡子義澄《よしずみ》が家督を継いでいた。義澄は、相模守護を勤めた宿老で、正六位上行相模介の官位をもっていた。義澄は、この待遇で十分満足していたように思われる。建久五年（一一九四）二月二日、北条泰時元服の席で、頼朝は義澄の嫡子義村《よしむら》の娘を泰時に嫁がせることを決めた。この後、義時は娘を義村の嫡子泰村《やすむら》に嫁がせることによって、両家は対等の婚姻関係を結んだ。北条氏は三浦氏と結びつきを深めることによって、頼家政権を支える梶原《かじわら》氏・比企氏に対抗しようとしたのである。

3　なぜ頼家の失敗だったのか——梶原景時事件の真相

梶原景時とはどのような人か

頼家政権が成立して最初に起きた事件が、梶原景時《かげとき》事件である。天台座主慈円《てんだいざすじえん》は梶原景時を、「一ノ郎等ト思ヒタリシ梶原景時ガ、ヤガテメノトニテ有ケルヲ、イタク我バカリト思ヒテ、次々ノ郎等ヲアナヅリケレバニヤ、ソレニウタヘラレテ、景時ヲウタントシケレバ、景時国ヲ出テ京ノ方ヘノボリケル道ニテウタレニケリ」と『愚管抄』で評価した。景時が頼家の腹心の部下で、乳母夫として後見していたことは重要な指摘である。

頼朝時代の景時は、周囲の人物を讒言《ざんげん》で陥れる悪人というマイナスの評価と、仕事のよくできる切れ者というプラスの評価が併存していた。上総権介広常暗殺や義経弾劾の中心にいたことからわかるように、頼朝に篤く信頼されたがゆえに、きれいごとですまない仕事をしてきたことは事実である。一方で、政務に関する評価には公正の聞こえがあり、景時を頼りにする者も多かった。景時が、草創期の鎌倉幕府を支えた有能な官僚の一人であったことは事実である。景時は、良くも悪くも強烈な個性をもって仕事をした人であり、それゆえに毀誉褒貶も激しかったと理解したほうがよいであろう。

また、『平家物語』の一ノ谷合戦の名場面「梶原の二度のかけ」にみるように、梶原氏には都の気風に馴染んで和歌を詠む者が多く、景時は安達盛長とともに弁舌に自信をもっていた。才気あふれた景時が、田舎者を丸出しにした御家人を小馬鹿にした態度をとったことは想像することができる。頼朝は、景時の才能と激しさをよく知り、また将軍家に対する忠誠心の深さをよく知っていた。頼朝は、景時が他に代え難い有能な人材であるが故に、その激しさが多くの問題を引き起こすことを承知の上で使ったのである。しかし、頼家には、頼朝のように周囲の批判を封じ込めてまで梶原景時を使う力がなかった。頼朝という重石がとれた時、「梶原景時は讒言をする」という悪評が表面化したのである。

波乱のはじまり

正治元年（一一九九）二月六日、二代将軍頼家の政所《まんどころ》吉書始《きっしょはじめ》が行われた。頼家が将軍に就いてはじめて文書を作成する晴れの儀式で、参列者の序列はスタートを切る頼家政権の序列を反映したものとなる。『吾妻鏡』は、この儀式にのぞんだ重臣を北条時政・大江広元・三浦義澄・源光行《みつゆき》・三善康信・八田知家《はったともいえ》・和田義盛・比企能員・梶原景時・二階堂行光《ゆきみつ》・平盛時《もりとき》・中原仲業《なかなり》・三善宣衡《のぶひら》の順で記載する。

頼朝の時代、鎌倉幕府は将軍家を頂点として、それに次ぐ諸大夫層を源家一門・熱田大宮司家・文官が形成し、多くの御家人はその下の階層「侍」に属した。頼朝時代の序列を引き継ぐのであれば、源家一門が筆頭に並び、それに次いで政所別当のなかで「正五位下行兵庫頭」の官位をもつ大江広元が記載されるべきである。時政が筆頭にきたことは、将軍家の外祖父として高い序列が与えられたことを示している。しかし、頼朝の時代と同様に、時政は高い地位は与えられても、実権を伴うものではなかった。

正治元年四月一二日、一三人の合議制と呼ばれる制度が成立した。頼家が直訴を取りあげて聴断することを禁止し、一三人の宿老が合議してまとめた意見の添えられた案件が将軍家に奏上され、聴断を仰ぐ制度である。一三人とは、北条時政・北条義時・大江広元・三善康信・中原親能《ちかよし》・三浦義澄・八田知家・和田義盛・比企能員・安達盛長・足立遠元《あだちとおもと》・梶原景時・二階堂行政《ゆきまさ》である。北条家が二人、比企尼の縁者二人、文官が四人、宿老格の御家人五人とバランスのとれた構成にみえるが、前政権で重きをなした人々の寄せ集めでしかない。頼朝時代の体制を継承することを基本路線とした構成であることが、透けてみえる。頼家が父と同様に将軍独裁政治を進めようとするのであれば、頼家政権を支える人々を抜擢して首脳部に入れなければならないことは目にみえている。

四月二〇日、源頼家の仰せを受けた梶原景時・中原仲業《なかはらなかなり》が奉行となって、比企宗員《むねかず》・比企時員《ときかず》・小笠原長経《おがさわらながつね》・中野能成《よしなり》の四人が鎌倉のなかで狼藉《ろうぜき》に及んでも訴えてはならない旨の通達を政所に伝えた。一三人の合議制に対して、抜け穴となる指示である。比企能員の子宗員と時員、源家一門の加賀美遠光の子小笠原長経は、頼朝が頼家につけた側近の子供たちである。頼家の側近と先代の体制を継承しようとする宿老との間に軋轢が生まれたことは、頼家の治世に波乱を投げかけていくことになる。

第一の郎党の選択

梶原景時は、頼家の乳母夫として将軍家を補佐する立場にあると同時に、宿老として一三人の合議制にも名を連ねていた。将軍家の意向にしたがって将軍独裁の道を推し進めることと、宿老たちが将軍家を幕府というシステムの枠のなかに抑え込もうとすることは背反する道であった。景時は頼家の意向にしたがう道を選択したが、これは宿老たちの反発を招くことを当然のこととして予想せねばならず、孤立化の第一歩を踏み出すことになったのである。頼家に忠実な者という意味では正しい「第一の郎党」という評価は、宿老たちからみると、将軍家を正しく補佐しない者という「讒佞《ざんねい》」という評価になったのである。側近を台頭させて将軍独裁の道を歩もうとする頼家と、現状維持を望む宿老との板挟みにあった梶原景時の苦悩が始まった。

正治元年（一一九九）七月、頼家は安達景盛の妾をみそめ、景盛が使節として三河国に赴いた留守に小笠原長経邸に移して想いを遂げるという事件を起こした。鎌倉に戻った景盛は、事情を聞いて憤りを隠そうとはせず、頼家もまた不満をあらわにした景盛を謀反の咎で討つといきまいたため、両者の対立は一触即発の状態になった。大江広元は、鳥羽上皇も同じようなことをしたとうそぶいて関わろうとはしなかったという。

しかし、政子が景盛を庇《かば》って頼家を抑えつけようとしたため、事態は頼家と政子の対立へと発展していった。結果として、頼家は安達氏討伐を思いとどまり、政子が将軍家の意思決定を引っくり返す力をもつことを明らかにした。

都の習いと坂東の習い

この事件の背景には、公家と武家の結婚観の相違があった。公家も武家も、家と家の公式的なつながりを示す結婚によって迎えた妻を室といった。この場合、夫婦の社会的地位は双方の家の家格から判断される。一方、夫の実家と妻の実家に上下関係のある結婚、表現を変えると、夫の家の家格が高い結婚の場合は、夫の家の家格によって判断される。このような関係にある妻を「妾《しょう》」と呼ぶ。中世前期の家族は一夫多妻制で、夫婦がそれぞれにもちよった財産によって家は経営された。

公家と武家が異なるのは、公家の場合は平安京という都市に住み、京都やその周辺の市街地に構えた屋敷に政所をはじめとする家政機関を置いた。屋敷にもつのは事務局の機能であった。代々の家長が政所（公文所）を置いた屋敷が本宅であり、当主は裕福な諸大夫家に婿入りして所在を変えることもまた容易なことであった。

ところが、院政時代は大規模開発の行われた時代であり、武士は未開発あるいは荒廃した土地を開墾して領地としていた。この時代は、大きな領地をもつ武士は、子供たちに未開地を多く含む土地を譲与して分家させ、そこを開発させることによって土地の生産力を高めていった。子供たちは早めに妻を迎え、夫婦の財力で開発を進めていくことが家運の興隆につながった。

公家社会の婚姻では、夫と正室の関係以外は男子が生まれなければ流動性は高い関係であったが、武士の婚姻は開発と経営をともに行うパートナーの結合であり、夫婦の結びつきは強かった。公家の気風をもつ将軍頼家と坂東に土着した二代目安達景盛の間には、結婚に対する考え方に大きな違いがあったのである。頼家の行動を「そんなもんだろう」としか思わなかった大江広元の対応は都の習いであり、烈火のごとく怒った政子の対応は坂東の習いだったといえる。

この事件によって、将軍頼家は安達氏という有力な支持者を千幡擁立派に押し流すことになった。政治的にみて重大な失点であったことは否めない。

事件はどのように起こされたのか

梶原景時事件の起こりを、今一度振り返ってみよう。

正治元年一〇月二七日、政子の妹阿波局は、景時が結城朝光《ともみつ》を讒言したと告げた。将軍御所で「忠臣は二君に仕えず」といって先代を懐かしんだことが、頼家に対して不忠だというのである。この場合、朝光が多くの人の前でこの発言をしたことは事実であろう。しかし、阿波局が景時の讒言を聞いたことは、確認がとれることなのであろうか。朝光が阿波局の話を信じたかどうかが問題なのである。

朝光は頼朝の烏帽子《えぼし》子であり、家族の一員として頼朝の側で親しく仕えたことはなんら問題がない。朝光が懐旧したとおりに考えているのであれば、頼朝の薨去とともに出家を遂げることが筋であったろう。朝光が景時讒言の噂だけで身の危険を感じてしまうところに、頼家政権を主導しようとしている景時に対する深刻な不信感があるといえる。

朝光は阿波局の話を信じ、三浦義村に相談した。義村は、梶原景時弾劾へと事態を一気に拡大させていった。弾劾文の起草は、四月二〇日に頼家の近臣四人が鎌倉内で犯罪を犯しても訴えてはならない旨の将軍の抑せを発令した景時に不信感をつのらせていた中原仲業が行った。

翌二八日、和田義盛と三浦義村は御家人六六人の連署を集めた弾劾文を大江広元に手渡した。ところが、大江広元は将軍の意向をおもんばかって、この弾劾文を取次がなかった。一一月一〇日、和田義盛はのらりくらりとはぐらかす大江広元に詰め寄り、その態度を非難した。この翌日、大江広元は頼家に弾劾文を奏上した。一三日、頼家は景時に弾劾文を渡し、弁明を求めた。しかし、景時は弁明を一切せず、一族を引き連れて相模国一宮に退去した。頼家がすでに自分を見限ったことを感じとったのである。正治二年正月二〇日、景時は上洛を企て、駿河国狐ケ崎で討伐に向かった御家人に討ち取られた。

天台座主慈円は、景時が頼家を潰す陰謀をつかんだがゆえに逆に滅ぼされたと理解し、景時を庇いきれなかったことを頼家最大の失敗と『愚管抄』に記述した。『吾妻鏡』の記述を追っていくと、阿波局はたんなるおしゃべりではなく、北条政子の意向を受けて動いていたとみることができる。政子・義時姉弟の側には、千幡の乳母夫阿野全成、三浦義村・結城朝光・安達景盛といった有力御家人、景時に侍所別当職をとられた和田義盛など鎌倉幕府の宿老が揃っていた。また、比企能員の娘婿糟屋《かすや》有季《ありすえ》が鎌倉から派遣された討伐軍の先頭を切って活躍したように、比企氏もまた景時を切り捨てていた。梶原景時が滅亡した後、鎌倉の政局は比企対北条の対立に移っていく。

間奏――大江広元の行動様式

この事件のなかで、大江広元がみせたきわめて文官らしい行動に注意しておこう。政治史というと、清盛対頼朝、頼朝対後白河法皇、比企能員対北条時政といったように双方の勢力を代表する人名をあげて、二大勢力の対立のように理解してしまう。ところが、その中間にはどちらにも与しない多くの人々が存在していた。数多《あまた》いる御家人が、勝者の側に賛同していたというのは事実無根の幻想に過ぎないであろう。鎌倉幕府の重鎮のなかにも、大勢力が対抗するなかを巧みに泳いで中間的地位を維持した人々がいる。源家一門の足利氏や、大江広元や三善康信に代表される文官である。

大江広元と三善康信では、朝廷に仕えていた時代から大江広元のほうが上席であり、鎌倉にあっても広元が上座に座った。『吾妻鏡』によると、広元は頼朝の懐刀として活躍した賢人であり、政所を代表する文官として政変の中心に引きずりこまれかけたことが何度かあった。広元の巧みさは、口先三寸でそれらの誘いや圧力をかわしきったところにある。

梶原景時事件では、広元は御家人六六人の弾劾文を受け取りながらも、頼家の意向をはばかって取次がなかった。その後、和田義盛に強く詰め寄られたことによって、ようやく頼家に奏上した。一時代前であれば、この行動は文人貴族の惰弱《だじゃく》な対応と読まれたであろう。しかし、広元の立場から考えれば、このような権力抗争でいちいち責任ある行動をとらさせられたのではたまらない。そうであれば、言質を与えるような発言は一切せず、かつ、いざとなれば誰かに責任転嫁できるだけの手順と形式を踏みながら対応することがいちばん望ましい。

梶原景時が勝った場合に備えるのであれば、「御家人の弾劾文をいったんは握りつぶしたものの、和田義盛が強引に言うのでしかたなく取次ぎました」と言えるだけの形式が欲しい。一方、弾劾した側が勝った場合には、「将軍家のご機嫌をうかがい、梶原景時の留守をねらって奏上しようとタイミングをはかっていました」と申し開きがきく手順を踏んでおくことが望ましい。広元は、和田義盛の血の気の多い気性をよく知っていたので、じらせば強引にねじ込んでくると読んでいたのであろう。このような大江広元の行動は、比企氏の乱でもみることができる。広元の役人気質を理解すると、「こいつ、うまいことやってるな」とクスッと笑えるようになる。

4　三代将軍は誰に——比企氏の乱の序章

八幡宮のお使い鳩が伝えるもの

比企氏の乱の直前、『吾妻鏡』には怪異の記事が並べられている。これは、中国で形成された天人相関思想にもとづく祥瑞災異《しょうずいさいい》の記事である。この思想では、天は地上を治める皇帝（王）が正しい政治を行うときにはそれを褒めたたえる吉徴（祥瑞）を示し、悪政を行うときには凶徴（災異）を示して反省を促すと考える。災異を示しても改めない場合には、さらに厳しい怪異を示し、それでも改めない場合にはその国（政権）を滅ぼすとされた。易姓革命の思想である。

鎌倉幕府の歴史を綴った『吾妻鏡』もこの考え方の影響を受けて、祥瑞災異を記録している。『吾妻鏡』の特徴は、予徴を伝える使者として八幡大菩薩の使い鳩を登場させたことである。

建仁二年（一二〇二）八月一八日条

十八日己丑《きのとうし》、晴、午剋、鶴岡若宮西廻廊に鳩が飛来して、数剋立ち避らなかった。鶴岡の供僧は、このことを怪んだ。真智房法橋隆宣・大学房行慈などが問答講一座を行い、楽器を奏でていた。将軍家は、この法会を見聞するため参宮していた。遠州（北条時政）・大官令（大江広元）がつきしたがっていた。この日は多くの人が集まり、にぎわいは市をなしたようであった。酉剋になって、鳩は西方を指して飛び去っていった。

この後も、「鶴岡若宮宝殿の棟上に唐鳩《からばと》一羽いる、しばらくして地に落ちて死に終わんぬ、人これを奇とす」（『吾妻鏡』建仁三年六月三〇日条）や「鶴岡八幡宮の経所より下廻廊との造合《つくりあい》の上にて鳩三喰い合いて地に落つ、一羽死す」（『吾妻鏡』建仁三年七月四日条）、「同宮寺閼伽棚《ぐうじあかだな》の下、鳩一羽頭を切りて死す、この事先規なきの由、供僧など驚き申す」（『吾妻鏡』建仁三年七月九日条）と記事が続いていく。

また、八幡大菩薩は託宣も行った。『吾妻鏡』建仁三年正月二日条は、八幡大菩薩が巫女《みこ》に憑依《ひょうい》して次のような託宣を述べたと記録する。ここは読み下しにしよう。

今年、関東に事あるべし、若君家督を継ぐべからず、岸上の樹その根すでに枯る、人これを知らず、しこうして梢縁《しょうえん》を恃《たの》む。

後の展開を知る者には、この託宣の意味はきわめてとりやすい。頼家の生命は既につきかけていて、一幡に家督を伝えることはできない。しかし、頼家を支持する人々はそのことを知らずに頼家を頼みにしていたというのである。

頼朝最後の弟の失脚——阿野全成事件

梶原景時事件の後、頼家を支えたのは比企氏と源家一門の小笠原長経であった。頼家の側近は、時政の子時房《ときふさ》、京下りの近習《きんじゅう》平知康《ともやす》、算道に長けた源性《げんしょう》、蹴鞠《けまり》の名人紀行景《きのわきかげ》や義印《ぎいん》であった。頼家はこれらの人々を率いて、頼朝時代の先例を破りはじめた。

正治二年（一二〇〇）八月二日、頼家は洛中を騒がせた罪によって佐々木経高《つねたか》の淡路・阿波・土佐三か国守護職を解任した。また、同年の五月二八日、畠山重忠と陸奥国葛岡郡新熊野《くずおかぐんいまくまの》社社僧《しやしやそう》との境相論《さかいそうろん》を一筆の沙汰として強引に裁定した。一方で有力御家人の所領を調査するため、大田文《おおたぶみ》を集めはじめた。頼家は、頼朝が宿老たちにあたえた御恩を査定し、過大なものを召し上げようとしたのである。頼家は、このように宿老たちの神経を逆なでする強引な施策を推し進め、孤立を深めていったのである。

一方で頼家は、この時期から鷹狩と蹴鞠に耽溺《たんでき》していった。孤独感を強めていたのであろう。比企能員は将軍家の舅と乳母夫の立場にあり、比企氏はそのような頼家を支える最後の勢力として残った。ただ、能員は有能な政治家とは言いがたく、頼家周囲の人材が不足していたことは覆いがたい事実であった。

このような状況のなかで、比企氏と北条氏の対決が始まった。梶原景時事件に対する報復として始められた阿野全成事件である。

建仁三年（一二〇三）五月一九日、千幡の乳母夫阿野全成が謀反の嫌疑で捕らえられた。翌日、比企時員が北条政子のもとに赴いて阿野全成の妻阿波局の引き渡しを求めた。しかし、政子の必死の弁明によって、阿波局の引き渡しは叶わなかった。一方、阿野全成は常陸国に配流となって後に誅殺され、その子頼全《らいぜん》も七月一六日に京都で殺された。阿野氏が謀反の咎によって滅ぼされたことは、千幡の家督継承に著しく不利となるものであった。

この事件の後、千幡の乳母夫は阿野全成から北条時政に交代した。時政は、権力に結びつく地位をはじめて手にしたのである。

カヤの外におかれた政子――将軍職継承の評定

建仁三年七月二〇日、頼家が急病で倒れた。『吾妻鏡』はその場所を記していないが、『愚管抄』は大江広元邸と伝える。また、『吾妻鏡』は浅間《せんげん》大菩薩がみだりに富士の人穴に足を踏み入れたことを怒り、祟りをなしたと伝える。頼家の急変が神罰によるものと判断されたことにより、その余命もまた幾ばくもないと判断された。

八月二七日、将軍家の家督継承をめぐる評定が開かれた。比企能員は一幡の将軍職継承を前提とした議論を進めることに成功し、千幡に譲る財産をどうするかを争点とした話し合いが進んでいった。その席で、北条時政は千幡へ譲与する所領の増加を強く求めて抵抗し、比企能員が不承不承それを承諾することで決着した。『吾妻鏡』が伝えるアウトラインは、鎌倉殿の地位を象徴する日本国惣守護《そうしゅご》職《しき》と関東二八国の地頭職《じとうしき》を一幡に、関西三八国の地頭職を千幡に譲与することであった。日本国惣守護職は、六六国二島からなる日本国全体を守護する役職で、鎌倉の将軍家は、この役職を勤めるがゆえに相模守護・武蔵守護といった個々の守護を任命することができた。いわば、鎌倉幕府そのものを象徴する役職である。この職を一幡に譲ることが決定したことは、将軍家を譲ることと同義であった。

次の、関東二八国地頭職と関西三八国地頭職は、将軍家がもつ領地の分割法を示している。この場合、政所をはじめとした役所や寺院に付属されている領地や、僧籍に入った貞暁《じょうぎょう》や女子に譲る領地は除外されての話となっているので、諸国に点在している領地をおおざっぱに示した表記なのであろう。千幡が膨大な領地を継承することは一目瞭然であり、比企能員が「地頭職を相分かつにおいては、威権ふたつに分かれて挑み争うの条、これ疑うべからず」と危惧したのは当然のことといえる。北条時政は初登場の舞台で、その政治手腕を強く印象づけることに成功したといえる。ただ、能員は外孫一幡の日本国惣守護職継承を承認させたことで、一応の目的は達していた。時政に対して不快感を抱いたとしても、優勢の確定した情況のなかである程度の反撃を食らった程度のことである。次節で詳述する能員の行動は、勝利を確信した者の油断と考えなければ理解できないであろう。

時政は、熱くなってがんばっただけの果実をもぎとることができた。千幡の乳母夫として、まずまずのデビューである。時政の反撃は比企氏の優位を覆すほどのことではなかったが、阿野全成以上にうるさい存在であることを十分に印象づけた。この後の政局は、比企能員が主導する体制となるが、比企氏は時政とはかりながら事を進めなければならなくなるであろう。八月二七日の評定によって能員の優位は確定したが、能員と時政の手打ちも同時に行われたのである。このままいけば、一幡が三代将軍に就任し、千幡は鎌倉幕府の重要人物に残ることが方針として決まったのである。時政もまた、千幡の乳母父として大きな影響力を保持できたのである。

この評定の結果、最も立場が悪くなったのは北条政子である。梶原景時事件において、政子の妹阿波局が重要な局面で推進役を勤めた。阿波局の夫は源家一門の阿野全成、政子は妹夫妻を通じて千幡を掌握していた。しかし、阿野全成事件の後は時政が千幡の乳母夫に就任し、その正室牧氏が傅母《ふぼ》に就任した。政子は、時政夫妻と亀前事件以来ギクシャクした関係にあり、千幡を擁立していくことで一致点はみいだせるにしても、阿野全成のときのように千幡を強くコントロールすることはできなくなっていた。

政子は、一幡が比企氏に擁されて家督を継いでも、千幡が時政夫妻に後見されて家督を継いでも、どちらにしても思いどおりにはならない袋小路に陥ったのである。政子がこの局面を打開するためには、現状を破壊するしかなかった。比企氏の乱を起こさなければならなくなった人物は、北条時政でも比企能員でもなかったのである。

5　比企氏の乱

『吾妻鏡』の主張

「比企氏の乱」という言い方は、『吾妻鏡』の主張を採用した表記である。『愚管抄』は、この事件を北条時政のクーデターと理解した。『吾妻鏡』と『愚管抄』の違いは、前者が鎌倉幕府の側にたつ記録から事件を構築したのに対し、後者は京都に移った糟屋有季の遺族から蒐集《しゅうしゅう》した情報をもとに記述した点にある。比企氏の乱は、北条側と比企側双方の言い分が残った珍しい事件である。『吾妻鏡』と『愚管抄』の理解の間にある断層をどのように考えるかによって、比企氏の乱はおもしろい様相を呈してくる。

はじめに、『吾妻鏡』の記述にしたがって、建仁三年（一二〇三）九月二日に起きた事件の経緯を追っていこう。

事件は、病床に伏した将軍頼家の寝所から始まる。頼家と比企能員は、ここで時政討伐の密談をしていた。隣の局にいた政子は、障子越しに聞こえてくる密談に聞き耳をたてていた。ここでいう障子は、今日でいうとオフィスを区切るパーティションのようなものである。政子は、今日風にいうとパーティション越しに聞こえてくる話を盗み聞きしたことになる。

政子は事の重大性に驚き、すぐに書状をしたため、女房に口上を託して時政のもとに遣わした。時政は路上でこの女房の話を聞き、比企能員と戦うことを決意した。時政は大江広元邸を訪れ、対応策を相談した。しかし、広元は自分は文官であるとはぐらかし、時政に熟慮を求めた。広元は、またも体よくかわしたのである。広元邸からの帰り道、時政は天野遠景《あまのとおかげ》や新田忠常《にったただつね》の献策を入れ、比企能員の暗殺を決意する。そのうえで大江広元を自邸に呼び寄せ、味方に付くことを強要した。

時政は暗殺の手はずを調えた後、比企能員を名越邸で新造の薬師如来供養に招待し、殺害した。政子はこの報告を聞くと、頼家が判断力を失った状態にあることを理由に鎌倉幕府の主導権を掌握し、比企氏の謀反を宣言して討伐の軍勢を派遣した。比企氏の一族は一幡のいた小御所《こごしょ》に籠り、ここで戦って滅亡した。一幡も、この合戦で焼死したと伝えられる。『吾妻鏡』に記載された比企氏の乱の顚末である。

『愚管抄』からあぶりだされる問題点

次に、『愚管抄』の記述から疑問点をあぶりだしていこう。『愚管抄』の記述の特徴は、糟屋有季の動きを中心に小御所合戦を記述したことである。糟屋有季は比企能員の婿であり、娘が、頼朝の妹を妻に迎えた公家一条能保の嫡子一条高能《いちじょうたかよし》に嫁いで能氏《よしうじ》の母となっていた。天台座主慈円は、京都にいた糟屋氏の縁者から比企氏の乱の話を聞いて叙述したと推測される。

まず第一の問題点は、比企氏の乱の当日、頼家はどこにいたのかという問題である。『愚管抄』は、頼家が大江広元邸で昏睡状態に陥ったと記述する。頼家がそのまま動いていないとすると、頼家と比企能員が密談した場所と、時政が大江広元に相談した場所は同じ館になる。時政は、己を殺そうとしている頼家のもとに戻ったのであろうか。『吾妻鏡』は頼家の居場所を明記できなかったと考えざるをえない。時政討伐の計画があったのだとしたら、この四人は、いったいどこで相談したのであろうか。

糟屋氏・一条家・九条家の関係

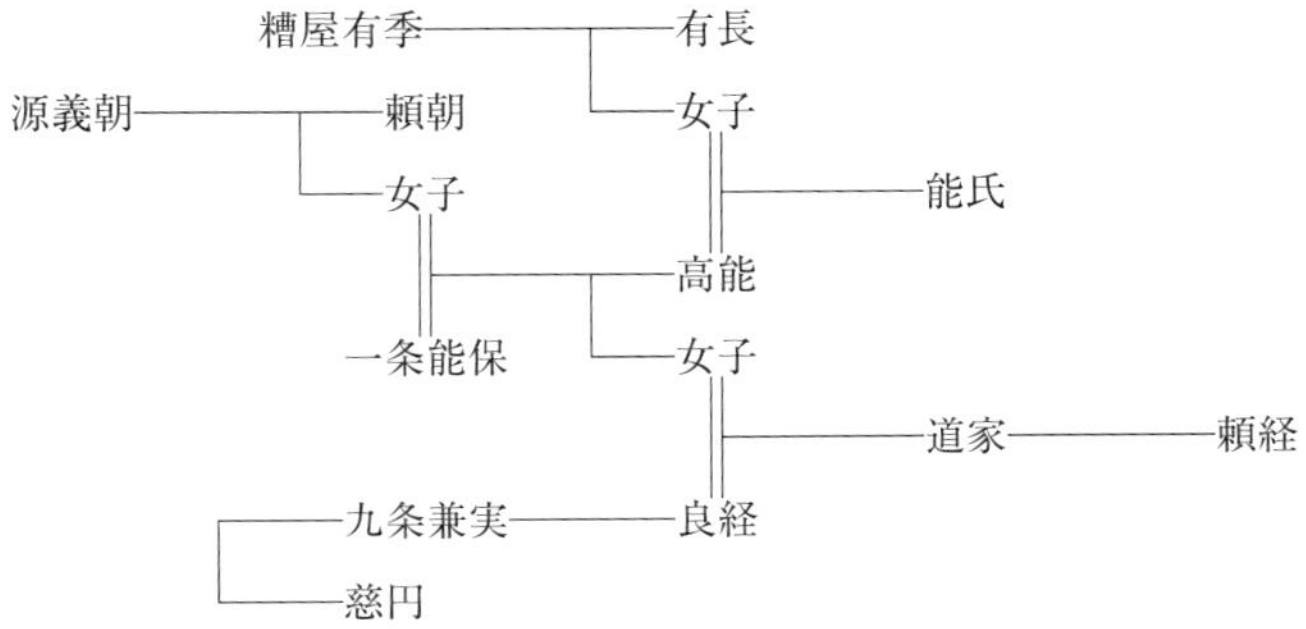

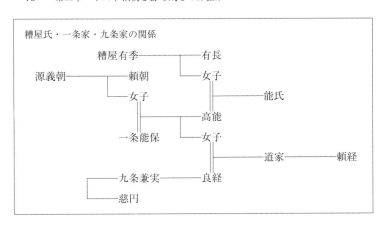

第二の問題点は、比企氏の謀反か、時政のクーデターかという点である。『吾妻鏡』は、政子が比企氏の謀反を宣言して、幕府軍を編成したから比企氏謀反の立場をとる。しかし、『愚管抄』は時政が比企能員を暗殺し、手勢を集めて小御所を襲ったと伝える。『愚管抄』は、小御所に籠って戦った糟屋有季の最期を伝える使者がもたらした情報をもとに記述したため、政子が鎌倉幕府の実権を掌握したことを正当と認めていない。どちらの理解を正当とするかは、政子が権限を掌握したか否かにかかっている。

第三の問題点は、頼家の嫡子一幡は本当に小御所合戦で焼死したのかという問題である。『吾妻鏡』は、合戦の後に乳母が一幡の焼死を確認したという。しかし、『愚管抄』は一幡が合戦の前に乳母に抱かれて小御所を出たと記述し、後に北条義時が郎党藤右馬允に殺させたと記述する。

同じ事件を扱いながら、『吾妻鏡』と『愚管抄』は肝心なところが食い違っていることがわかる。前後の情勢から整合性をもった理解へと進む道が、比企氏の乱の深層に迫る方法である。

比企氏の乱の深層に迫る

比企氏の乱の直前の状況を復元すると、比企能員は一幡の家督継承を承認させ、時政は千幡が鎌倉幕府に影響力を残すことのできる財産の継承を承認させたため、両者はよい妥協点を探り当てたといえる。能員も時政も十分な成果をあげ、全面衝突しなければならない理由は存在しないのである。

それでは、誰が負けたのか。一幡が家督を継ぐことによって将軍家に対する親権を失い、時政の台頭によって千幡に対する影響力を弱めることになる、政子と弟の義時である。このまま推移すれば、この姉弟は政権の中枢に残ることができなくなる。政子が自ら動き出さなければならない理由が、そこにあった。

比企氏の乱の起こり方をみてみよう。政子は、頼家と比企能員が時政討伐の陰謀をめぐらしていると時政に伝えた。時政は、この話を信じたがゆえに比企能員を謀殺した。その報告を聞いた後、政子は将軍頼家が昏睡状態にあるとして鎌倉幕府の主導権を掌握、比企氏の謀反を宣言して討伐した。風聞がささやかれ、風聞を聞いた人が実働部隊として動いていく。実働部隊が結城朝光から時政に変わっただけで、梶原景時事件と同じ構図がみえてこないだろうか。梶原景時事件で狂言回しを演じた結城朝光の後ろに政子がみえたように、比企氏の乱においても時政の後ろに政子がみえているのである。時政は思惑以上に働いたかもしれないが、比企氏の乱のグランドデザインを描いたのは政子と義時の姉弟であろう。

ところで、政子は頼家と比企能員が時政を殺そうとしていると伝える一方で、頼家は正常な判断力を喪失しているといって軍勢を集めて比企氏を攻め滅ぼした。この日、頼家が謀議をできるほど鮮明な意識に戻っていたのかどうか、明確に答えられる人がどれほどいたのだろうか。時政が大江広元の屋敷を訪れた時、広元は時政に言質を取られない表現をしつつ、「賢慮を廻らせ」と言って帰した。広元は、時政に対して冷静になって今一度考えろと言ったのである。広元は政所を統括する立場にあるため、頼家の病状を熟知していたであろう。頼家の病状を冷静に考えれば、陰謀などたくらめるわけがないという判断であろう。時政は、政子がもたらした風聞に踊らされたのである。

比企氏の乱によって、頼家の支持勢力は壊滅した。政子は意識を回復した頼家を鎌倉殿から退かせ、千幡（実朝）に家督を継承させた。その手続きを踏むことによって、鎌倉幕府の最終的な決定権が政子に帰属していることを明確にした。そのうえで、実朝を乳母夫時政の名越邸に遷し、時政を首席とした政権を成立させた。時政政権は、政子が時政に主導権を委託したもので、時政の権力は借物でしかなかった。しかし、時政も牧方もそのことに対する自覚は薄かった。それゆえ、幕府政治は、将軍生母と乳母夫が対立する次の段階へと移行していくことになる。

第三章　北条時政の栄光と没落

1　北条時政政権とは何だったのか

時政政権の問題点

比企氏の乱の後、北条時政が政権を掌握した。将軍実朝は一二歳、時政の名越《なごえ》邸で時政・牧方夫妻に養育されていた。時政は、将軍実朝の乳母夫として鎌倉幕府を主導する地位に就いたのである。鎌倉幕府の意思決定は、実朝と時政のいる名越邸で行われるようになった。また、時政は政所別当として、将軍の抑せをうけて単独署名した公文書を次々と発給していった。時政の専制政治である。しかし、時政の政権は北条家の内訌《ないこう》と比企氏の乱の戦後処理をめぐる畠山氏との対立から、わずか三年で瓦解してしまった。元久二年（一二〇五）七月に起きた牧氏事件である。この政変によって政子・義時姉弟の政権が成立し、鎌倉幕府はようやく安定期を迎えることになった。

はじめに、時政が鎌倉幕府を主導した時代にみられた対立の構図を説明しておこう。北条家は、時政・牧方夫妻と、政子・義時姉弟の間で継母と継子の根深い対立が続けられていた。時政の正室牧氏

北条時政を中心とした家族

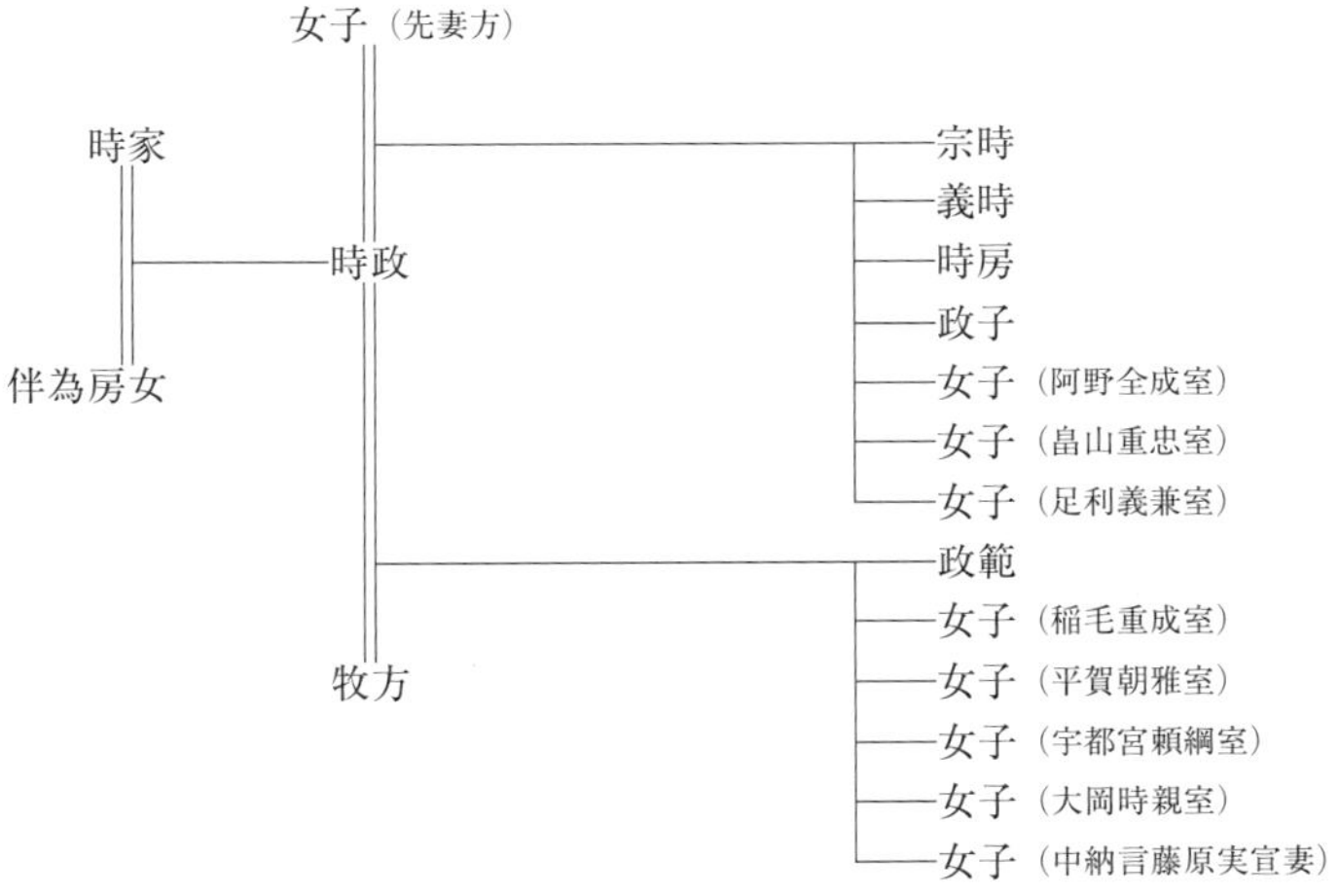

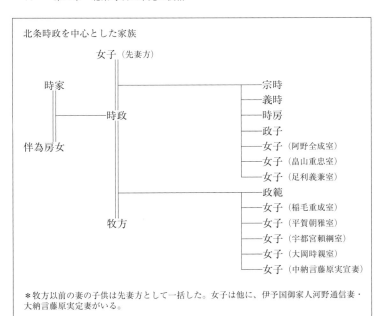

＊牧方以前の妻の子供は先妻方として一括した。女子は他に、伊予国御家人河野通信妻・大納言藤原実定妻がいる。

は、池大納言頼盛の領地駿河国大岡牧を管理した牧宗親《むねちか》の娘である。時政と牧方の間には、男子に左《さ》馬助《まのすけ》政範《まさのり》、女子に平賀朝雅《ともまさ》や稲毛《いなげ》重成《しげなり》に嫁いだ娘が知られている。また、牧宗親の子は大岡《おおおか》判官《ほうがん》時親《ときちか》と牧方の二人が知られている。一方、時政の先妻の子とされるのが、政子・義時・時房、畠山重忠に嫁いだ娘などである。

継母と継子の対立は、北条家が将軍家の外戚として養育する立場をもつゆえに複雑さを増していった。政子は、将軍実朝に対して生母として絶対的な親権をもっていた。しかし、貴族に列した将軍家は子供の養育を乳母に託する慣例をもち、乳母のなかから子供を預けて養育させる乳母夫を定めていた。千幡の場合、はじめは阿野全成が乳母夫を勤めていたが謀反の咎によって殺されたため、時政に引き継がれていた。政子と牧方が円満な関係を築いていれば何の問題もなかったのであるが、二人は継母と継子の争いを繰り広げていた。北条家の家内問題の範囲であれば他愛のない争いですんだのであるが、将軍家の代理人として振る舞わなければならない立場にある者の対立に変化したため、二人の諍《いさか》いは鎌倉幕府の権力抗争に発展することになってしまった。政子も牧方も、北条家がどんどん大きくなっていったことにより、つまらぬ諍いが深刻な権力抗争に転化してしまうことを認識できなかったのである。

今ひとつの対立の軸となったのが、比企氏の乱の戦後処理をめぐる武蔵国の地方政治の問題である。武蔵国は、将軍家の推薦によって国守が任命される関東御分国《かんとうごぶんこく》（将軍家知行国）のひとつであった。文治四年（一一八八）以来、武蔵国は知行国主将軍家—国守平賀氏—惣検校《そうけんぎよう》畠山氏という命令系統のもとで支配が行われてきた。頼朝の時代は、このラインには将軍頼朝—武蔵守平賀義信—惣検校畠山重忠が並んでいた。比企氏の乱の直前は、世代交代が進んだことによって将軍頼家—武蔵守平賀朝雅—惣検校畠山重忠となっていた。惣検校畠山重忠は、惣検校河越重頼が義経挙兵に縁座した罪を問われて殺された後、その後任に任命されていた。

惣検校職は武蔵国衙《こくが》のなかでは在庁官人のトップに位置する役職である。畠山重忠は、畠山家重代の武士団、秩父氏の棟梁として率いることのできる武士団、武蔵国衙を通じて動員することのできる国侍と、多くの武士に軍勢催促をすることができた。比企氏は武蔵国比企郡を本拠地とした有力武士団のひとつであり、畠山重忠にとって傘下の武士団のなかで、比企氏と縁のある者をいかに保護するかは重要な問題となった。そしてこの問題が、時政と重忠を厳しく対立させることになった。

武蔵守平賀義信の時代

ここでいったん、平賀氏・畠山氏の関係を理解するため、時間を元暦元年（一一八四）六月まで戻すことにしよう。

元暦元年六月五日、頼朝の推挙によって平賀義信が武蔵守に任命された。武蔵国に、知行国主頼朝―国守平賀義信―惣検校河越重頼の命令系統が成立したのである。頼朝は、武蔵国の支配を源家一門の平賀氏と比企尼の娘婿にまかせようとした。ところが、文治元年（一一八五）一一月、義経が後白河法皇の院宣を賜って頼朝追討の兵を起こし、軍勢を集めることができずに逃亡するという事件が起きた。河越重頼は娘を義経に嫁がせていたため、謀反人与党の罪を問われて所領を没収された。秩父氏の惣領家が継承した留守所惣検校職はこの時に没収され、文治四年になって畠山重忠に与えられた。重忠は惣検校職を継承したときに、秩父氏の家長にも就任した。

平賀義信と畠山重忠のコンビは、武蔵国をよく治めていた。建久六年（一一九五）七月、頼朝は義信を次のように誉めている。

『吾妻鏡』建久六年七月一六日条

武蔵国務の事について、義信朝臣の支配を住民は喜んでいると将軍家の御耳に達した。そこで、今日御感の御教書が下された。今後国守に任命された者は、平賀義信の先例を守るべきことを国府に壁書し、その板書は府庁に置かることになった。散位平盛時がこのことを奉行した。

平賀義信の先例は、北条時房が武蔵守を勤めた建暦年間（一二一一～一三）まで踏襲されたのである。

時政が握った権力と課せられた制約

建仁三年（一二〇三）九月七日、政子の説得によって頼家が出家を遂げた。同一〇日、政子のもとにいた実朝は、乳母夫時政の名越邸に遷った。この日から、比企氏の乱に勲功のあった御家人に対して、時政単署の御教書《みきょうじょ》が発給されるようになった。『吾妻鏡』は、「世上危うきの故」と説明する。その形態を、「肥後小代文書《ひごしょうだい》」に残る「関東御教書案」（『鎌倉遺文』一三七九号）の読み下しからみてみよう。

越後国青木郷地頭職の事、

小代八郎行平

右の人、彼職たるべきの旨、鎌倉殿仰せにより、下知《げち》くだんのごとし、

建仁三年九月十六日　　遠江守平朝臣　在御判

武蔵国比企郡小代（埼玉県東松山市正代）の御家人小代行平《ゆきひら》は、時政の使者田代藤二《たしろとうじ》から話を聞き、手勢を率いて時政の名越邸を守護したと家伝を残している（小代宗妙置文《しょうだいそうみょうおきぶみ》）。この下知状案は、それ

に対応するものとみてよいであろう。この文書は、右筆《ゆうひつ》が作成した書類を時政一人がみて、将軍実朝の判断を仰いで発給した形式であることを示している。時政の権勢は、後見人として将軍家を自邸に囲い込み、鎌倉幕府の吏僚が作成してもってくる書類を一人の判断で将軍に奏上して、決裁を仰ぐことができたところにある。

しかし、時政の専制には強い制約もかかっていた。九月一五日、阿波局は、「牧御方のなされようをみると、何気ない咲いの中に悪意が見え隠れします。傅母として恃《たの》みがたいのではないでしょうか。きっと、大きな事件を引き起こすことになるでしょう」と、牧方の動きに危険な兆候がみられることを政子に進言した。政子は、この報せによって北条義時・三浦義村・結城朝光などの有力御家人を名越邸に派遣し、実朝を手元に引き取った。時政は予想もしない出来事に驚き、駿河局を通じて陳謝を繰り返したので、ようやく事なきを得たというのである。この事件は、時政の権力が政子からの預かり物であることを白日のもとにさらした。将軍家の権力を代行するにしても、生母と養親では影響力がまったく違うのである。

ところで、この九月一五日は実朝が従五位下の位に叙され、征夷大将軍に任命されたことを伝える宣旨が鎌倉に到着した晴れの日であった。時政にとって、名越邸にこの使者を迎え、御家人の前で除《じ》書《しょ》（任命書）を受け取る大切な日であった。それを、阿波局の進言によって台なしにされたのである。この日の出来事からも、阿波局の話がたんなる茶飲み話ではないことは明らかであろう。

建仁三年一〇月三日、平賀朝雅が京都守護として上洛した。朝雅が上洛すると、時政は武蔵国務職に任じられ、武蔵国衙の行政権を掌握した。一〇月二七日、実朝は侍所別当和田義盛を奉行として、「武蔵国に住む諸家の人々は、遠州（北条時政）に対して弐心《ふたごころ》を懐《いだ》いてはいけないと、特に仰せ含められた」と伝える。比企氏というと比企尼の存在がすぐにクローズアップされるが、夫の比企掃部《かもんの》允《じょう》遠宗は武蔵国比企郡の郡司と思われる人で、親類縁者は武蔵国から上野国にかけて広がっていた。比企氏を滅ぼした時政が武蔵国衙に乗り込んでくることによって、比企氏とつながりをもっていた人々との間でトラブルが避けられないことは予想の内であった。時政は、それゆえ将軍家の一筆を用意したのである。

京都に広がる波紋

京都の人々は、比企氏の乱後の情勢をどのようにみていたのであろうか。当時、朝廷を主導していた摂関家の近衛家実《このえいえざね》の日記『猪隈関白記《いのくま》』には、次のような風聞が記されている。

『猪隈関白記』建仁三年九月七日条

関東の征夷大将軍従二位行左衛門督朝臣源頼家卿が昨日薨去したことを、今朝後鳥羽院の御所に参上して申し上げた。日頃から重い病気にかかっていたということである。生年二二歳。前右大将源頼朝卿の子である。源頼家卿には同腹の弟［年一二云々］がいて、今夜、征夷大将軍に任命され、従五位下に叙された。後鳥羽院は、自らこのことを定められた。臨時除目《りんじのじもく》の上卿は内大臣源通親《みちちか》卿、除目の執筆は左大弁《さだいべん》日野資実《ひのすけざね》卿が担当した。官奏のついでであった。六歳になる頼家卿の子息は、検非違使比企能員とともに滅ぼされたとのことである。比企能員は、頼家卿子息の祖父にあたる。大将軍実朝の命令によって、九月二日に討たれたということである。後に伝わってきた話では、頼家卿の子息は討たれず、比企能員のみが討たれたということである。日記の記事は、近衛家実自身が見聞したことではなく、彼のもとに集まってきた情報を集約したものである。そのため、言い切った表現が少なく、どうしても歯切れの悪い表現の連続となる。そのことは置いておくとして、鎌倉幕府は、頼家薨去を理由として実朝の叙爵と征夷大将軍任命を申請したが、その人事が行われた日に一幡の生存が京都に伝えられている。このことは、実朝の将軍職継承の正当性に疑問を投げかけることになった。平賀朝雅を京都守護として上洛させなければならない理由が、ここにある。

鎌倉幕府が平賀朝雅を上洛させた今ひとつの背景は、建仁元年（一二〇一）の城氏《じようし》の乱と同じ事件が起こることを警戒したためである。越後国の豪族城氏は、城助職《すけもと》が平氏政権を支持して木曽義仲と激しく戦い、寿永二年（一一八三）に大敗した後は白河館に籠った。文治五年（一一八九）の奥州合戦では、城長茂《ながもち》が大軍を率いて頼朝のもとに参陣し、いまだ衰えざる実力を示した。頼家政権に動揺がみえた建仁元年、城氏は京都と越後国で同時に蜂起した。正月二三日、城長茂は土御門《つちみかど》天皇に鎌倉幕府追討の宣旨を出すことを求めて里内裏を襲撃したが、小山朝政《おやまともまさ》の働きによって失敗した。越後国では城資盛《すけもり》が蜂起し、叔母板額御前《ばんがくごぜん》の活躍によって幕府の討伐軍を苦しめた。平賀朝雅の上洛は、このような事件が再び起こらないように未然に封じるための処置であった。

平賀朝雅に開かれた道

建仁三年（一二〇三）一〇月三日、平賀朝雅が京都守護として上洛した。『吾妻鏡』は、朝雅の上洛を「武蔵守朝雅は、京都警固のため上洛した。西国に所領をもつ御家人に対し、伴党として在京することを命じた将軍家の御教書が廻らされた」と記している。京都守護は、朝廷との交渉や情報収集を任務「耳目《じもく》」を担当した文官一人、洛中の警備を任務「爪牙《そうが》」を担当した武官一人の複数制をとっていた。この時期、「耳目」の担当として中原親能《ちかよし》が在京していた。平賀朝雅は洛中の治安維持「爪牙」の担当として、西国に領地をもつ武蔵国御家人を伴って在京した。長期の在京となるため、その負担に堪えることのできる御家人を選抜したうえでの上洛であった。

後鳥羽院は、上洛した平賀朝雅に上北面《じょうほくめん》の待遇を与えた。北面の武士のイメージが根強く定着しているが、院北面には五位以上の位階をもつ諸大夫が出仕する上北面と六位の位階をもつ侍が出仕する下北面があった。平賀朝雅は「武蔵守従五位下」の官位をもつ上北面で、院中の雑事に奉仕することになった。元久元年（一二〇四）正月、後鳥羽院の水無瀬《みなせ》御所に出仕していた朝雅は御前に召され、院殿上人に加えられた。

同年二月、伊勢平氏一門の本拠地であった伊賀・伊勢両国で平氏の残党が蜂起し、守護人山内首《やまのうちす》藤経俊《どうつねとし》を国外に追い落とした。三月一〇日、鎌倉幕府は平賀朝雅に対して謀反人追討の命令を下した。後鳥羽上皇もまた、朝雅を追討使に任命し、伊賀国を知行国として与えた。伊賀国衙に対して軍勢催促や兵粮米徴収を命ずることができる権限を与えたのである。朝雅は、二重に追討命令を受けて軍勢を進発させたことになる。

朝雅は、平氏与党が守りを固める鈴鹿関《すずかのせき》からの進撃路を避け、美濃国から尾張国に迂回して伊勢国に攻め込んだ。朝雅が鎌倉に送った報告から、合戦の様子をみてみよう。

『吾妻鏡』元久元年四月二一日条

廿一日甲寅《きのえとら》、晴、武蔵守朝雅の飛脚が到着した。（使者が）申すことには、「去月廿三日に出京した。伊勢平氏などは鈴鹿関所を塞ぎ、険阻の地を選んで守りを固めたので、たとえ合戦をしたとしても、人馬の通りがたいことが予測された。そこで美濃国に迂回することにし、同廿七日に伊勢国に攻め込むべく軍議を開いた。合戦は今月十日から同十二日にかけて行われた。まず進士《しんじ》三郎《さぶろう》基度《もとのり》の朝明《あさけ》郡富田の館を襲い、数刻の合戦の後に、基度と弟の松本三郎盛光《もりみつ》・同四郎・同九郎などを討ち取った。続いて、安濃《あの》郡に進撃し、岡八郎貞重《さだしげ》およびその子息伴類を攻撃した。続いて多気《たけ》郡に進撃し、庄田三郎佐房《すけふさ》とその子師房《もろふさ》などと合戦し、河田《かわた》刑部大夫《ぎようぶのたいふ》を生捕りにした。謀反の蜂起は伊勢・伊賀両国に広がっているが、伊勢国は三日とかからずに鎮圧することができた。謀反人の残党はまだ伊賀国に残っているので、追討を続けるべく伊賀国に軍勢を進める」とのことであった。

その後、合戦は掃討戦に移ったらしく、平賀朝雅からの詳報は『吾妻鏡』に記載されていない。六月一〇日、鎌倉幕府は三日平氏の乱の勲功賞を行った。山内首藤経俊は逃亡の罪を問われて両国守護職を解任、追討にあたった朝雅が後任に任命された。朝廷は、朝雅の推挙を受け、元久元年四月一三日の除目で新田氏の一族里見《さとみ》義成《よしなり》を伊賀守に任命した。一一月一日には、朝雅が右衛門権佐に昇進した。朝雅は後鳥羽院の殿上人となり、院近臣としての道を歩み始めたのである。

この時期、朝雅は鎌倉幕府の京都守護・伊賀守護・伊勢守護、朝廷の伊賀国知行国主及び右衛門権佐、後鳥羽院の殿上人を勤めていた。朝雅の基盤が、武蔵国から畿内に移ったことは明白であった。鎌倉幕府の役職と朝廷の官職は在京するがゆえに兼務が可能であり、朝雅が鎌倉幕府と後鳥羽院の中間に位置する重要人物となったことは間違いなかった。

2　北条時政はなぜ没落しなければならなかったのか

武蔵国に生まれた火種

武蔵国を治めるようになった時政の権限は、知行国主の実朝の命によって国衙行政を執行する国務職であった。時政に滅ぼされた比企氏は、『愚管抄』に、「ヒキハ、其郡ニ父ノタウ《（党）》トテ、ミセヤ《（水尾谷カ）》ノ大夫行時上ト云者ノムスメヲ妻ニシテ、一万御前ガ母ヲバマウケタルナリ、其行時ハ又児玉タウ（党）ヲムコ（婿）ニシタルナリ」と記されている。武蔵国比企郡の有力豪族で、児玉党《こだまとう》と姻戚関係を結んでいたというのである。児玉党は比企能員の縁者であるがゆえに比企氏の乱で多くの者が討たれており、児玉党に対する処分が武蔵国における戦後処理の大きな問題となることが予想された。

ところが、児玉党は武蔵国留守所惣検校職を相伝する秩父氏を棟梁に戴《いただ》いていた。建久四年（一一九三）に起きた丹党《たんとう》と児玉党の相論でも、武蔵守平賀義信ではなく、惣検校畠山重忠が裁定に入ったと『吾妻鏡』は伝える。

時政は、武蔵国の行政権を掌握したことによって、比企氏の滅亡によって生じた空白地帯を勢力下に収めることができると考えていたのであろう。時政は、児玉党を被官に組み込んでいくことを当然のことと考えていた。ところが、児玉党に触手を伸ばすことは、畠山重忠の勢力圏に手を出すことを意味していた。そこに、両者が対立しなければならない理由が存在した。元久元年（一二〇四）には、時政と重忠の対立は京都にまで風説として伝わっていた。藤原定家《ていか》が、後鳥羽院の水無瀬御所で聞いた風聞を引用してみよう。

『明月記』元久元年正月二八日条

天曇りて、風烈し。京都から下人が来て、関東で大きな事件が起きた事を伝えてきた。北条時政が庄司二郎重忠と戦って敗北し、山中に隠れた。大江広元は既に殺されたとの事である。この事を聞いて、大江広元の縁者は大騒ぎになり、京中では大騒ぎをしながら荷物を運んでいるとの事だ。私は西園寺公経の宿所に行って聞いてみたが、昨夜から大騒ぎしているが、確かな話は聞いていないとの事である。平賀朝雅もまた、これといった報告を受けていないとの事であった。人々は相次いで参内した。土御門天皇は陰陽師を召して、この事を占わせた。また、二十二社に対して神馬を奉納した。しばらくして、この事が全くのデマであることが伝えられた。天狗のしわざであろうか。（後略）

『明月記』に記された時政と重忠の合戦は、根拠のない噂である。このようなデマがたやすく信じられてしまうところに、武蔵国における両者の対立が周知のこととなっていたことがうかがわれる。

やや脱線になるが、『吾妻鏡』は畠山重忠を一貫して「畠山二郎重忠」と記述するが、他の史料は畠山庄司《しょうじ》重能の二男の重忠という意味で「庄司二郎重忠」と記述する。鎌倉幕府は、庄園の下司職を地頭職に切り替えていくことで御家人の権利を保護する政策をとったため、庄司（荘司）は『吾妻鏡』に似つかわしくない表記といえる。『吾妻鏡』のなかで地頭職をもちながら庄司を通称としたのは、下河辺庄司行平・工藤庄司景光《かげみつ》・中村庄司宗平《むねひら》・渋谷庄司重国《しげくに》など数えるほどしかいない。

口論と不条理と

元久元年（一二〇四）一一月、鎌倉幕府は実朝の正室となる大納言坊門信清《ぼうもんのぶきよ》の娘を迎えるため、使節を上洛させた。この上洛で、牧氏事件の直接的な原因となるふたつの事件が起きた。

ひとつは、使節に加わっていた畠山重保《しげやす》と京都守護平賀朝雅が激しく口論したことである。『吾妻鏡』は、「同四日。武蔵前司朝雅の六角東洞院第で酒宴が開かれた。その席で、亭主と畠山六郎が諍論に及んだ。しかしながら、同席した人々が宥めたので、大事には至らず退散したとのことである。今日、その風聞が鎌倉に届いた」（元久元年一一月二〇日条）と記している。この事件の後、平賀朝雅は畠山重保に対して強い不快感を抱くようになった。武蔵国の戦後処理の問題に始まった時政と畠山重忠の対立は、平賀朝雅に飛び火したのである。

ところで、二人は何を口論したのであろうか。武蔵国の情勢の変化を考えると、さしたることのない若者の口論とは考えられないであろう。畠山重保と平賀朝雅は、鎌倉でも武蔵国府でも顔をあわせる幼なじみといってよい間柄であり、上洛した重保は、昔のよしみで武蔵国のことを話題にし、時政を非難したのではなかろうか。しかし、京都守護として上洛した平賀朝雅の住む世界は、草深い武蔵国から、王朝文化が最後の輝きをみせている後鳥羽院の御所に変わっていた。朝雅の根拠地もまた伊賀・伊勢に移り、武蔵国のことは昔のことになっていた。重保は、朝雅が変わったことを理解せずに武蔵国の話題を延々と続け、さらには時政を非難して心証を害したのであろう。

牧方の心をのぞくと

今ひとつの事件は、時政と牧方の間に生まれた最愛の息子政範《まさのり》が、一一月五日に京都で病死したことである。政範は上洛の途中から体調を崩し、なんとか都にたどり着いたものの、回復しなかったという。没年は、一五歳とも一六歳とも伝えられる。藤原定家は、北条政範を「近代の英雄」と評していた。時政の末子ながら、将来頭角を現す出世株の一人とみられていたのである。

牧方は、最愛の息子を失ったことで悲嘆に暮れる日々をすごすようになった。このこと自体は、親として自然な感情である。しかし、政範の死は、牧方の将来に対する保障をも消滅させていた。すこし長くなるが、この時代の財産相続法を説明しておこう。

親がもつ財産は、嫡子が継承する家の基本財産と、子供たちに分割される財産の二種類にわかれる。分割相続と呼ばれる相続法である。嫡子が継承する家の基本財産は、家の菩提寺《ぼだいじ》、代々の家長が継承する家宝、家の財産権を証明する書類、その家が家業として継承している技術や情報を伝える記録、およびそれらを維持していくための財産である。これらは一括して「渡領《わたりりょう》」と呼ばれ、家長から家長へと継承される。その他の財産は、子供たちに分割される。誰に何を与えるかは、譲る側の判断である。時政の場合、家の基本財産は嫡子義時に譲られるが、その他の財産は子供たちに分割されることになる。

義時と政範は母が違うため、分家できるだけの財産の譲与と、本家が継承する文書・記録・系譜を書写する許可が与えられるはずである。中世文書には、正文《しょうもん》の他に数本の写しが残るものがあるが、それらは裁判の証拠書類として作成されたものが残る場合と、分家の際に書写されたものがある。牧方の将来は、時政の後家として亡夫の供養をとりしきり、政範が分家をたてて北条氏一門の有力者としての地位を固めることによって安泰のはずであった。しかし、牧方は政範以外に男子をもたなかった。そのことは、時政の死とともに、北条家と他人となることを意味していた。牧方は、子供を失った哀しみと同時に、将来に対する不安を抱え込むことになったのである。

牧方の心にポッカリと空白が生じているところに、平賀朝雅の恨み言が入り込んでいった。朝雅は押しも押されもせぬ鎌倉の高官の一人であり、畠山重忠の庶子にすぎない重保を対等の意識でみていたとは思えない。朝雅は重保を見下していたため、下位の者から傷つけられた不快感をあらわにしたのである。

畠山重忠事件は「朝雅讒言《ざんげん》」より起こったといわれるが、朝雅は重保との一件を「あの田舎者めが」とぶつくさ言った程度のことだったのであろう。しかし、傷心のなかに埋ずもれていた牧方の心のなかでは、重保が政範とともに上洛した使節の一人であったことから、朝雅から伝え聞いた重保に対する不快感と最愛の息子政範の死が結びついてしまった。牧方の心のなかでは、重保のせいで政範が死んだという不条理な構図が成立してしまったのである。この構図が、牧方の心のなかにだけ渦巻く妄想であればなんら問題はない。しかし、時政と重忠は、お互いに引くに引けない状態で対立を続けていた。牧方は、自らの妄想から時政を暴走させてしまったのである。

妄想が生み出した悲劇——畠山重忠事件

ことの起こりが最愛の息子を失った母親の心の暗闇にあるとしても、時政がそれによって行動を起こしてしまえば、それは現実のものとなる。元久二年（一二〇五）四月一一日、時政の招きによって稲毛重成が鎌倉に入った。重成の愛妻は時政の娘、重成は妻の死を機に出家を遂げ、稲毛庄に引っ込んで静かに暮らしていた。鎌倉の人々は、久しく顔をみせなかった重成の登場に好奇心をかきたてられ、さまざまな風聞がささやかれた。

六月二〇日、重成の招きによって畠山重保が鎌倉に入った。翌二一日、時政は畠山重忠父子を討伐すべきことを北条義時・北条時房にはかった。しかし、二人は畠山重忠が頼朝挙兵以来の数々の勲功、比企氏の乱で北条家に味方したこと、北条家の婿であることを説き、時政を思いとどまらせようとした。迫真の議論なので、読んでみよう。

『吾妻鏡』元久二年六月二一日条

廿一日丁未《ひのとひつじ》、晴、牧御方は平賀朝雅の讒訴をうけて、日頃から鬱《うつ》々と楽しまなかった。朝雅は、去年畠山六郎に悪口されて、その事を憤っていた。そこで、畠山重忠父子を誅殺しようと内々に話し合いが行われた。まず、遠州（北条時政）がこの事を相州（北条義時）と式部丞時房にもちかけた。二人は、「畠山重忠は、治承四年以来忠節をつくしてきたので、右大将軍（源頼朝）はその志をよくご存じになり、将軍家の後胤を守護してくれと、慇懃の御詞をお残しになられた。なかでも、金吾将軍《きんごしょうぐん》（源頼家）の御時《おんとき》、比企能員合戦の時には、実朝の御方にまいり、忠節をつくした。これらのことによって、北条家と畠山家は父子礼を重ねることになった。畠山重忠は時政の婿である。今頃になって、何の憤りがあって謀反を企てるのであろうか。もし、畠山重忠がたてた度々の勲功を忘れて、軽率に誅戮を加えるようなことがあれば、きっと後悔することになるでしょう。事実であるかどうかを判断した後に、討伐の決定をなされても、遅いことはないでしょう」と答えた。時政は言い返す言葉がなく、そのまま席をたった。北条義時もまた退席した。備前守大岡時親は牧御方の使として義時邸に向かい、「畠山重忠の謀叛は、すでに発覚している。そこで、君のため、世のため、その子細を北条時政に伝えたところ、貴殿は畠山重忠に代わって弁明をし、私が讒言をしたかのような言い方をなされた。これでは、私が継母であることから、重忠を陥れようとしたかにみえるではないか」と牧方の言葉を伝えた。北条義時は、「この上は、よくよくお考えください」と申し上げた。

重忠の決断

時政は義時・時房の反対を押し切り、畠山重忠が謀反を起こして鎌倉に向かっているとの噂をもとに、討伐の軍勢を進発させた。それに先だち、三浦義村は鎌倉の町中で畠山重保を討ち取った。将軍御所は時政率いる四百騎の軍勢が守護し、義時を畠山重忠討伐の大将軍に任命し、時房を武蔵国府をめざす軍勢の大将軍に任じた。討伐軍は、武蔵国の二俣川《ふたまたがわ》で畠山重忠の一行百三十四騎と遭遇した。幕府の軍勢をみた本田近常《ちかつね》と榛沢成清《はんざわなりきよ》は菅谷館《すがややかた》に退いて戦うことを主張したが、畠山重忠は身の潔白を証明するため旅装のまま行列を討伐軍のなかに入れることを決断した。

『吾妻鏡』元久二年六月二二日条
（前略）午剋、軍勢は武蔵国二俣河で畠山重忠と遭遇した。畠山重忠は、去十九日に小衾《おぶすま》郡菅谷館を出て、今この沢に到着した。折節、舎弟長野三郎重清《しげきよ》は信濃国に、同弟六郎重宗《しげむね》は奥州にいた。行動を共にしていたのは、二男小次郎重秀《しげひで》、郎従の本田次郎近常・榛沢六郎成清以下百三十四騎にすぎなかった。（重忠は）異変を知ると、鶴が峰の麓の陣を布いた。ここで、重保が今朝誅殺されたうえ、軍兵が襲ってくることを聞いたのである。本田近常や榛沢成清は、「聞くところでは、討手の数は幾千万騎を知らず、我々ではこの威勢に対抗することができない。早く、本所に退いて討手を待ち、合戦の準備をしましょう」と意見を述べた。しかし、畠山重忠は、「その考えは正しくない。家を忘れ、親を忘れてこそ、将軍たるべき者である。重保が誅殺された後は、本所に帰ることを考えてはならない。正治の合戦では、梶原景時は一宮館から京都に向かうところで誅殺された。一時、命を惜しんだようなものである。また、そのような行動は陰謀を企んだようにみえ、賢者のとるべき行動ではない。後人の戒めとなるような行動こそとるべきである」と答えた。この時、幕府軍が攻めてきたので、合戦が始まった。（後略）

『吾妻鏡』は、畠山重忠は愛甲季隆《あいきょうすえたか》に射落とされて討死し、畠山重秀をはじめ戦いを続けていた一族や従者は、重忠の最期をみて、その場で自害したと伝える。重忠は、謀反を企てていないことを伝えるため、旅装のまま部下を戦わせた。戦場で重忠の軍勢をみた幕府軍の面々は、畠山の軍勢が少なく、かつ旅装のままであることに驚き、本当に謀反を起こしたのかと疑問を残しつつ合戦を始めた。重忠の命懸けの抗議が、政変を次の段階へと進めていくことになる。

現実が妄想を破るとき——牧氏事件

翌二三日、義時は鎌倉に戻ると、畠山重忠が戦場に引き連れていた軍勢が百余騎にすぎず、謀反の噂は偽りであったと報告した。その夜、畠山事件は稲毛重成の陰謀であるとして、稲毛一族が滅ぼされた。また、平賀朝雅が牧方に伝えた讒言によって、時政は畠山重忠を討ったという風聞が流れた。七月八日、情勢が緊迫化するなかで、政子が権力を掌握したことを示す行動を起こした。畠山重忠事件の勲功賞を行ったのである。

『吾妻鏡』元久二年七月八日条

八日　癸亥《みずのとい》。畠山次郎重忠余党などの所領を、勲功をたてた人々に恩賞として与えた。尼御台所（北条政子）の計らいである。将軍家（源実朝）が御幼稚なので、北条政子が行った。

『吾妻鏡』は、将軍実朝が幼少のため政子が代行したと記しているが、比企氏の乱では時政が勲功賞の沙汰を行っていた。政子が前面に出てきたことは、政子が鎌倉幕府の実権を時政夫妻から取り戻したことを示している。将軍家はまだ名越邸にいるものの、時政は自身に向けられた不信感を払いのけることができず、政子が前面に出て政権の維持にあたりはじめたのである。

閏《うるう》七月一九日、牧方が実朝を殺害し、平賀朝雅を将軍に据えようとしているとの風聞が流れた。この風聞によって、政子は結城朝光・三浦義村・天野政景を名越邸に派遣し、実朝を義時邸に迎えとった。時政のところに集まっていた御家人は、将軍家が義時邸に遷るのをみて、「将軍家守護」を唱えてその後にしたがった。この様をみた時政は、抵抗をあきらめて出家を遂げたのである。

『吾妻鏡』元久二年閏七月一九日条

十九日甲辰《きのえたつ》。晴。牧御方が陰謀を廻らし、平賀朝雅を関東将軍に就けるため、名越邸にいる当将軍家（源実朝）を殺害しようとしているとの風聞が流れた。そこで、尼御台所（北条政子）は長沼五郎宗政・結城七郎朝光・三浦兵衛尉義村・同九郎胤義《たねよし》・天野六郎政景などを名越邸に遣わして、羽林《うりん》（源実朝）をお迎えなされた。源実朝は相州（北条義時）邸にお移りになられたので、遠州（北条時政）のもとに集まっていた御家人は、皆北条義時邸に移り、将軍家を守護しますと申し上げた。同日丑剋、遠州（北条時政）は俄かに出家を遂げられた。御歳は、六十八歳である。同時に出家を遂げた人々は数えることができなかった。

翌二〇日、北条義時が執権職に就任し、在京御家人に平賀朝雅討伐を命じた。この日、牧方は伊豆国北条に下向した。平賀朝雅が京都で山内首藤通基《みちもと》に討ち取られたのは、二六日のことである。

北条政子の時代へ

牧氏事件は、頼朝の薨去に始まった乳母夫主導の時代が終わりを告げたことを示す事件となった。将軍生母政子とその弟義時が鎌倉幕府を主導する時代が始まったのである。

時政は将軍実朝の養親として将軍家を自邸に預かり、後見人として将軍への奏上を独占することによって権力を掌握した。政所の発給した安堵や保証の文書が、時政の単独署名であることがそのことを端的に示している。政子は、頼朝の後家という権威を持ち、また将軍実朝の生母であった。政子がもつ親権に対し、時政がもつ乳母夫の養育権では対抗しようがなかった。時政政権は、幼少の将軍を後見する生母政子から代行を委託された政権だったのである。時政政権は、政子との間に絶対的な信頼関係が構築されていてこそ安定することのできた政権といえる。

ところが、時政・牧方夫妻と政子・義時姉弟は、寿永元年（一一八二）の亀前事件以来諍いを続けていた。彼らは、梶原景時や比企能員といった強力な政敵の存在によって共同歩調を歩んできたが、比企氏の乱によって政敵が一掃されると、対立が表面化してきた。寿永元年の段階では、北条氏は将軍家の外戚という地位以外に特別なものをもたない地方豪族にすぎなかった。そのため、両者の対立は将軍家の家内紛争の域を出ず、周囲の有力御家人も「何を馬鹿なことをやっている」と冷笑するぐらいのことで済んだ。

しかし、元久年間（一二〇四〜〇六）になると、片方は将軍家の生母、片方は将軍家の養親であり、両者の対立はそのまま権力抗争に発展した。その火種となってしまったのが、比企氏の乱後の武蔵国の戦後処理をめぐる時政と畠山重忠の対立であった。北条家が巨大化したゆえ、通常の家であれば家内の紛争で処理されるいざこざも、鎌倉幕府をゆるがす政変に発展してしまうのである。牧氏事件は、北条家が巨大化したが故に、世代交代のたびに繰り返された政変の最初のものである。

この事件の後、北条家は政子・義時姉弟が主導する形で安定した。幕府もまた、この二人が主導する寡頭《かとう》体制によって専制政治が継続された。和田合戦や承久の乱といった大きな事件を間にはさむものの、元仁元年（一二二四）の伊賀氏事件まで二〇年にわたって指導体制は安定するのである。

第四章　源氏はなぜ断絶したのか

――承久の乱の一側面

1　承久の乱はなぜ起こったのか

はじめに、承久の乱の経過を再確認しておこう。

承久の乱はいかに戦われたのか

承久三年（一二二一）五月、後鳥羽院の挙兵計画が西園寺公経《さいおんじきんつね》に洩れた。城南寺《じょうなんじ》で流鏑馬《やぶさめ》を催すという名目で軍勢を集め、鎌倉追討の兵を挙げようとするものであった。五月一五日、後鳥羽院は招きに応じない京都守護伊賀光季《いがみつすえ》を討ち、兵を挙げた。この日、西園寺公経をはじめとした親幕派の人々が弓場殿に軟禁された。しかし、その後の対応はのんびりとしたものであった。五月一九日になって、朝廷は美濃国不破関《ふわのせき》・伊勢国鈴鹿関《すずか》・越前国愛発関《あらち》に固関使《こげんし》を派遣した。この日、伊賀光季が最後に送った飛脚と、後鳥羽院が密使に託して送った北条義時追討院宣が鎌倉に到着した。即日、鎌倉幕府は北条泰時・北条時房を東海道の大将軍に、北条朝時を北陸道の大将軍に任ずることを定め、諸国の御家人に軍勢催促を行った。

五月二二日、鎌倉幕府の上洛軍が進発した。泰時が率いる上洛軍の軍勢はわずか一八騎、北条氏の一族や被官人に、鎌倉の館にいた駿河・遠江国の御家人が一部加わったのみであった。泰時は軍勢が調うのを待たず、後から追いかけてこいと進発を急がせたのである。この日、北陸道に向かう北条朝時の軍勢も進発した。

五月二六日、固関使として不破関の警備についていた河内守藤原秀澄《ひですみ》は上洛軍の動向をつかみ、院御所に報告した。後鳥羽院の御所はこの知らせに騒然となり、六月二日には美濃国に一万七千五百騎の軍勢を進発させた。ところが、この軍勢は尾張川沿いの要所要所に分散して配置されてしまった。摩免戸《まめど》の守りについた藤原秀康《ひでやす》・三浦胤義・佐々木盛綱・惟宗孝親《これむねたかちか》らの率いる一万騎と、大炊渡《おおいのわたし》の守りについた大内惟信《これのぶ》・糟屋久季《かすやひさすえ》の率いる二千騎はまとまった規模をもっていた。しかし、その他は尾張川の渡しに五百騎・千騎と分散させられたため、組織的に動くことはできなかった。

尾張川沿いの合戦は、六月五日から六日にかけて行われた。京方は尾張国の豪族山田重忠のように武勇に恥じない戦いをした武士も一部にみられたものの、軍勢の多くは戦う前から引きの態勢に入っていた。合戦が二日にわたったのは、戦いが激しかったからではなく、軍勢の展開に時間がかかったためであった。

後鳥羽院は敗報を受けると、後詰めとして残していた二万余騎の軍勢を京都の前面に派遣した。幕府軍は宇治川の増水のために渡河戦に手間どったものの、合戦はわずか一日で終わった。三浦胤義が東寺に籠って最後の抵抗をしたものの、その合戦も彼の自尊心を満足させるものにすぎなかった。大勢はもはや変えがたく、幕府軍は六月一五日に入京を果たした。

承久の乱は、京都進撃を明確な目標とした幕府軍と、目的も定まらない状態で出陣した京方との間に歴然たる差の出た戦いである。京方の武将は、眼前の敵に対しては全力で戦うことができても、何をしたら勝てるのかわからない状態で戦場に赴いたのであろう。山田重忠や錦織義高《にしごりよしたか》といった中規模の武士は眼前の敵とよく戦ったが、大内や佐々木といった一軍の将は軍勢の進退に迷いがあり、これといった働きをみせなかった。合戦のプロと素人の差といってしまえばそれまでだが、後鳥羽院の最大の失敗は、集めた軍勢を束ねる器量をもつ人物をスタッフにもたなかったこと、また、いかにして勝つかを明確にしなかったことにあるといえる。

後鳥羽院の立場から考えれば、鎌倉幕府に対しては勝てる条件の整ったときに動けばよいので、何が何でも鎌倉幕府を滅ぼさなければならない状況にはない。いつ動くかというときを選ぶ自由は後鳥羽の側にこそあれ、鎌倉幕府の側にはない。後鳥羽院は、勝てると考えたからこそ軍勢を集めたのであり、無謀な企てをしたとは決して考えていなかったであろう。それゆえ、後鳥羽院が勝てると考えた条件、また誤算を突き詰めることなしには、承久の乱の本質には迫れないであろう。

源家将軍の一族

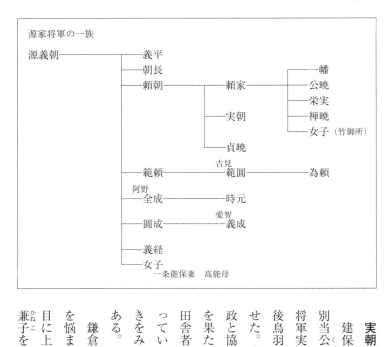

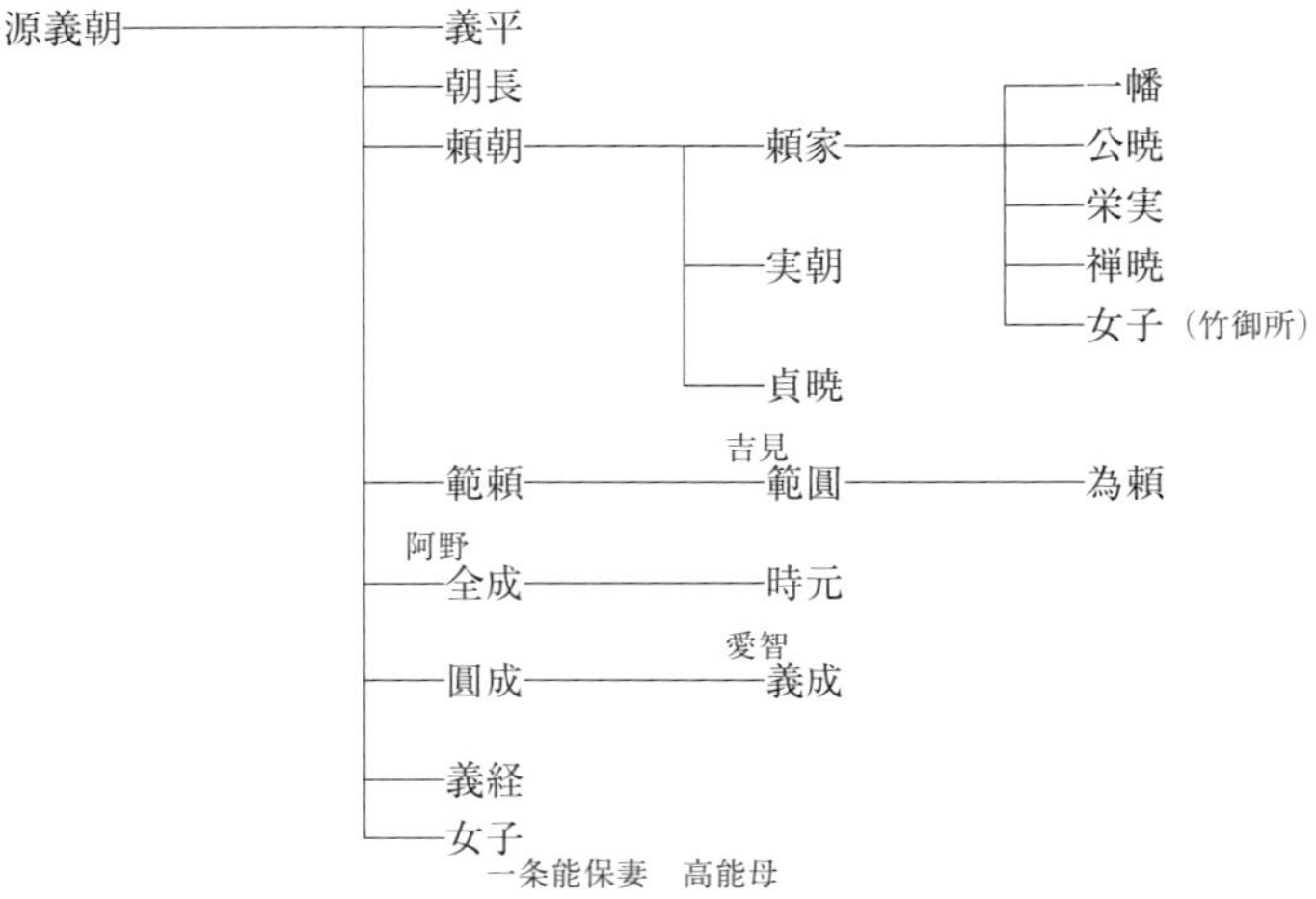

実朝暗殺

建保七年（一二一九）正月二七日、鶴岡若宮別当公暁《くぎょう》は、右大臣拝賀のために参詣した三代将軍実朝を暗殺した。亡父頼家の仇討であった。後鳥羽院は、鎌倉の急報に大きなとまどいをみせた。実朝は王朝文化に憧れをもち、後鳥羽院政と協調路線を歩んできた。しかし、前年上洛を果たした政子は自身を「辺鄙の老尼」と称し、田舎者の頑固さをもって後鳥羽院政と向かい合っていた。政子が主導する幕府がどのような動きをみせるようになるか、読めなくなったのである。

鎌倉幕府の中枢部は、実朝の後継者問題で頭を悩ませていた。建保六年、政子は熊野詣を名目に上洛を遂げ、後鳥羽院の乳母卿二位《きょうのにい》高倉《たかくら》兼子《かねこ》を通じて頼仁《よりひと》親王ないし雅成《まさなり》親王のいずれかを将軍家として鎌倉に迎えたいと希望を伝えていた。これは、大きなリスクを伴う決断であった。家督継承の常識からいえば、嫡流が断絶した場合には傍流からしかるべき人を養子に迎えればよいのであって、嫡流の断絶は家の断絶に直結しないのである。源家将軍の場合、実朝の子に男子がいなかっただけの話で、継承権を主張できる人は多く残っていた。それにもかかわらず、政子・義時姉弟が源家将軍断絶を強行したことこそ、考えなければならない問題である。

親王将軍の東下か源家将軍の継続か

承久元年（一二一九）二月一三日、二階堂行光《ゆきみつ》が親王東下を促す使者として上洛した。『吾妻鏡』は、この事を次のように伝える。

『吾妻鏡』承久元年二月一三日条

十三日、庚戌《かのえいぬ》、信濃前司二階堂行光入道が上洛した。六条宮・冷泉宮《れいぜい》のいずれかが関東将軍として下向していただけるようにと、禅定二位家《ぜんじょうにいけ》（北条政子）が申し上げるための使節であった。宿老の御家人もまた連署で嘆願の書状を認め、併せて上奏した。

翌一四日には、義時の義弟伊賀光季が京都守護として上洛した。義時が素速く動くのには、それなりの理由があった。二月一一日、駿河国安野郡で阿野全成の子時元《ときもと》が挙兵したのである。『吾妻鏡』が伝える第一報をみてみよう。

『吾妻鏡』承久元年二月一五日条

(前略)申剋、駿河国から飛脚が到着して申すことには、阿野冠者《かじゃ》時元［法橋全成の子、母は遠江守時政の娘］が、さる十一日多勢を引き連れて城郭を深山に構えた。宣旨を申し賜り、東国を管領しようと考えているとのことであった。

阿野時元は頼朝の甥、母は政子の妹阿波局である。時元は、自分こそが正統な後継者であると考えていた。『承久記』は、阿野時元を「手次ぎよき源氏(血筋のよい源氏)」と表現する。実朝の兄弟や頼家の遺児はすでに僧籍に入っていたため、俗人から人選を進めると阿野家か吉見《よしみ》家のいずれかになる。北条家との関係を考えれば、阿野時元はたしかに最有力候補である。しかし、政子は親王将軍を迎える準備を進め、宿老たちの合意もとりつけていた。『吾妻鏡』は「阿野時元の謀反」と記述するが、『承久記』は「身を誤る事なけれども、陳ずるに及ばねば、散々に戦ひて自害して失ぬ」と記述する。時元は、将軍家の家督継承の望みが断たれ、討手が向けられることを知って挙兵したのである。

源家将軍の継続という名分をもつ阿野時元の挙兵には、多勢が集まったという。政子は宿老たちの合意をとりつけて親王将軍東下の準備を進めていたが、源家将軍あっての鎌倉という意識はまだまだ根強かったのである。二月一九日、義時は侍所司金窪行親《かなくぼゆきちか》を大将として討伐軍を駿河国に向かわせ、二月二二日には阿野時元を滅ぼした。政子・義時姉弟が断固たる姿勢を示したことにより、源家将軍継続を願う人々の不満は水面下に潜り込むことになった。

閏二月一二日、後鳥羽院は二階堂行光に対して、二人のうちの一人を鎌倉に下してもよいが、今は適当な時機ではないと婉曲に伝えた。鎌倉の動揺は日一日と拡大していく危険な状態にあり、政子は新将軍の決定を急いでいた。後鳥羽院はその状況をみすかしているがゆえに、急いで派遣しようとはしなかった。三月九日、後鳥羽院は内蔵頭《くらのかみ》藤原忠綱を弔問使として鎌倉に派遣した。内蔵頭は従三位への昇進が約束された公卿への登竜門ともいえる役職であり、後鳥羽院は側近のなかでも要人を派遣したといえる。忠綱は、弔問のついでに摂津国長江・倉橋両庄の地頭職解任の話をもちかけた。後鳥羽院には、親王を派遣するのだから多少の無理は通してくれるだろうとの読みがあったのであろう。しかし、政子・義時姉弟には、この駆け引きにつきあうゆとりはなかった。

また、京都には不穏な空気が流れはじめていた。京都守護伊賀光季は、近江国で謀反の風聞が流れたことにより、後鳥羽院の護持僧仁和寺《にんなじ》の刑部僧正長厳《ちょうごん》の与党を捕らえた。後鳥羽院のゆったりとした対応を、鎌倉は揺さぶりとみたのである。

親王将軍東下に対する両者の思惑がどんどんすれ違っていったため、政子は将軍家継承の交渉相手を九条家に切り替えた。三月一五日、義時が一千騎の軍勢を率いて上洛し、藤原忠綱を通じてなされた申し出に対する拒否の回答と、九条家に対して将軍家下向の交渉が行われた。『慈光寺本承久記』は、卿二位藤原兼子が義時の回答に怒りをあらわにし、その後は鎌倉に対する不快感を隠さなくなったという。親王将軍東下は、交渉打ち切りとなったのである。

九条道家《みちいえ》は、鎌倉からの申し出を断わる理由をもたなかった。義時の申し出に関心のある態度を示し、手筈を整えはじめた。六月二五日、道家の第四子三寅《みとら》（頼経《よりつね》）が、京都を出発した。承久元年七月一九日、九条頼経は鎌倉に入った。頼経はこの時三歳、将軍家を継承して鎌倉殿《かまくらどの》を名乗ることはできても、元服していないため将軍職を継承することはできなかった。酉刻、政所始が行われた。『吾妻鏡』は、この様子を次のように記している。雰囲気を出すため、読み下しで記そう。

『吾妻鏡』承久元年七月一九日条

（前略）酉刻、政所始があり。若君（九条頼経）御幼稚の間、二品禅尼《にほんぜんに》（北条政子）、理非を簾中《れんちゅう》に聴断すべしと云々。

政子は九条頼経を猶子に迎えて後見人となり、将軍職に代わって決裁を行うことになったのである。政子を尼将軍とよぶゆえんである。

源家一門の断絶

この間、政子は、常陸介藤原時長の娘を母とする頼朝の末子貞暁《じょうぎょう》にも家督継承の交渉を行った。貞暁が生まれたときのことを、『吾妻鏡』は次のように記している。

『吾妻鏡』文治二年二月二六日条

廿六日甲戌《きのえいぬ》、二品（源頼朝）若君誕生、御母は常陸介藤原時長の娘である。御産所は、長門江《ながとごう》七景遠《しちかげとお》の浜の宅に定められていた。この女房が御所に祗候している時、日頃から御密通のことがあった。この事が露顕した後、御台所（北条政子）がお嫌いになることは甚だしく、御産の沙汰

一品房昌寛の娘を中心とした家族関係

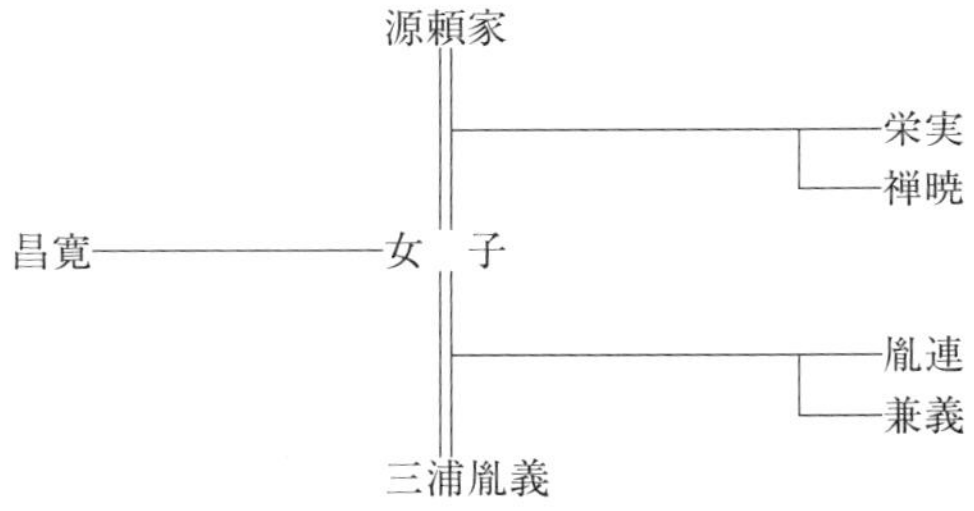

もことごとく省略された。

北条政子の激しい憎悪のなかで、貞暁は誕生したのである。貞暁が七歳になった建久三年（一一九二）、母とともに上洛した。都に入ると、貞暁は一条能保に付き添われて仁和寺に入り、隆《りゅう》暁《ぎょう》の弟子となった。仁和寺では勝宝院《しょうぼういん》・華蔵院《けぞういん》の院主を継承し、高僧の一人に成長していった。権門寺院のなかで活動する貞暁からみれば、将軍家の威光は何かとプラスに作用する便利なものであるが、政子のいる鎌倉に住みたいとは思わなかったであろう。政子から将軍職継承の話を聞かされたとき、貞暁は高野山に隠棲していたが、自ら片目を潰して継ぐ意志のないことを示したと『傳燈廣録』は伝える。

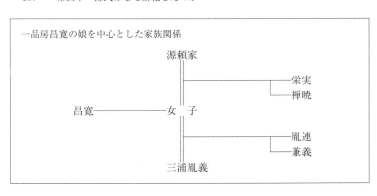

一方、頼家の遺児には悲惨な運命が待っていた。頼家は、頼朝の右筆を勤めた一品房昌寛《いっぽんぼうしょうかん》の娘を妻に迎え、栄実《えいじつ》・禅暁《ぜんぎょう》の二人の息子をもうけていた。元久元年（一二〇四）に頼家が修善寺で殺された後、昌寛の娘は三浦胤義の妻となった。栄実・禅暁には、頼りになる後見人がついたことになる。実朝暗殺事件に、この兄

弟がどのように関与したかは明らかではない。栄実は三井寺と関係があり、禅暁は仁和寺に入っていたことから推測すれば、二人とも本寺で修行していた可能性が高いだろう。

承久元年（一二一九）一〇月六日、栄実が自害を遂げたという。その経緯は明らかでない。翌承久二年四月一四日、仁和寺阿闍梨《あじやり》禅暁が東山で殺された。仁和寺阿闍梨は、仁和寺の供僧として不断の祈禱を行う学侶の一人に列していた者であることを示す称号である。禅暁殺害のことは、仁和寺で書き継がれた記録『仁和寺日次記《にんなじひなみき》』承久二年四月一四日条には、「今夜、禅暁阿闍梨［故頼家卿息］が東山のあたりで誅された」としっかりと記されている。仁和寺で、話題になった事件なのであろう。このふたつの事件は、三浦胤義とその夫人に大きな衝撃を与えた。三浦胤義はこの兄弟を将軍家からの預物として大切に育て、後見人を自認していた。また、昌寛の娘も最愛の息子を殺された憤りは鎮めがたく、北条義時を深く恨むようになっていた。二人のやりばのない怒りは、鎌倉幕府のために忠勤を励んできた三浦胤義を京方の急先鋒に変身させることになった。

源家一門に受難が続くなか、武蔵国吉見郡に土着した範頼の末裔吉見家のみは息をひそめて荒波を切り抜けた。しかし、吉見家もまた永仁四年（一二九六）に吉見義世《よしよ》が謀反の咎で刎首されることになった。吉見家の憤りもまた沈潜し、元弘《げんこう》の乱で後醍醐与党として積極的に動くことになる。

2　怨念の系譜――京方に集まった人々の物語

京方についた人々

『承久記』は、後鳥羽院が畿内近国を中心に三万騎の軍勢を集めたと伝える。三万騎という数に信を置くかどうかは別として、京方に加わった武士が決して少なくなかったことは確認しておいてよいであろう。

京方の軍勢は、大きく四タイプにわけることができる。もともと後鳥羽院に属していた人々、後鳥羽院の招きに応じた南都《なんと》・北嶺《ほくれい》・熊野の僧兵、北条氏が主導する鎌倉幕府を見限った人々、鎌倉幕府に対して怨念をもつ人々、である。

後鳥羽院が自ら編成した武士は、院庁の役人となっている武士や皇室領荘園の武士である。京方の大将軍として活躍した能登守藤原秀康・河内守藤原秀澄兄弟、後鳥羽上皇に継承された八条院領庄園の武士八条院判官代（朝日判官代）源頼清《よりきよ》はその代表である。また、鵜沼渡で奮戦した美濃目代《もくだい》藤原親頼《ちかより》が率いた国衙軍も、この内に入れてよいと思う。西面の武士は二千騎が出陣したというが、名前は伝わっていない。しかるべき大将に恵まれないため、埋没してしまったのである。

僧兵をみると、熊野別当快実《かいじつ》が率いた山伏が比較的規模の大きな軍勢となったようである。その他にも、延暦寺や清水寺も僧兵を出した。ただ、南都は形ばかりの派遣であったという。

承久の乱で京方の主力となったのは、鎌倉幕府を離れた御家人である。源家将軍と親密な関係をもっていたがゆえに北条氏主導の幕府と反《そ》りがあわなくなった人々、都で活動するうちに後鳥羽院と密接に結びついた人々、政子・義時姉弟と相容れない関係にある人々など、さまざまな理由はあるが、鎌倉幕府草創のときから御家人となっていた有力者が多いことは十分に意識しなければならない。彼らは、政子・義時姉弟が御家人の利益を代弁することを示すために後鳥羽院政と対決姿勢を強めていくときに、鎌倉幕府と袂をわかった人々なのである。

鎌倉幕府から離れた人々

京方についた守護人をみると、伊賀・伊勢・美濃三か国の守護大内惟信、尾張守護小野盛綱《もりつな》、安芸守護惟宗孝親、播磨守護後藤基清《もときよ》、阿波・淡路守護佐々木高重《たかしげ》、近江守護佐々木広綱の名を挙げることができる。在京人をみると、京都守護大江親広《ちかひろ》、鎌倉幕府の在京人と後鳥羽院西面を兼任した筑後前司平有範《ありのり》などの有力者がいる。常陸守護八田《はった》氏は蔵人所重代の家でもある関係から、一族が在京していた。八田知家の子筑後六郎左衛門尉知尚《ともひさ》はそこで後鳥羽院の目にとまり、院御所に祗候するようになっていた。

鎌倉幕府の有力者が多いことに気づくであろう。彼らは、実朝が後鳥羽院政と協調路線を歩むなか、後鳥羽院と密接な関係を築くことによって栄達した。それゆえ、政子・義時姉弟が御家人の利益を重んじることを後鳥羽院政との対決で示そうとしたことによって、鎌倉幕府とどのような関係を築いていくかを再考させられることになった。

京方についた武士のなかで最大の実力者、大内惟信の場合をみてみよう。大内惟信は、頼朝が国守に推挙した源家一門のひとり大内惟義の子である。大内氏は、実朝政権になっても源家一門の実力者として残っていた唯一の家である。

元久二年（一二〇五）、大内惟信は、牧氏事件で滅ぼされた平賀朝雅の伊賀・伊勢両国守護職を継承し、在京人として都で活動していた。南都神木入洛《なんとしんぼくじゆらく》を防いだり、延暦寺との合戦で焼失した園城寺の造営を奉行したりと重要な役割を果たしていた。京都守護には数えないが、平賀朝雅の跡を継いで洛中の治安維持にあたっていたとみてよいであろう。建保七年（一二一九）正月二七日に源実朝が暗殺された後、大内氏の家督は惟義から惟信に譲られたと思われる。大内氏からみると、源家将軍あっての鎌倉幕府であり、まだ源家一門である。源家将軍を断絶させた北条氏が主導する鎌倉幕府とは、いずれは袂をわかつことにならざるをえないのであろう。後鳥羽上皇の挙兵は、その機会となったといえる。美濃国は、鎌倉幕府の守護人と葉室《はむろ》家の派遣した目代がともに京方として活躍した。京方に加わった一人一人の名前は伝わっていないが、京方の有力な基盤となった地域のひとつであることは間違いない。

京方の軍勢催促の状況をよく伝える史料が、貞応二年（一二二三）四月に淡路国衙の作成した「淡路国国領庄園田畠地頭注文」である。淡路守護は佐々木高重、頼朝挙兵に加わった佐々木四兄弟の一人経高の子である。佐々木氏は在京人として京都に常駐し、院北面に祇候していた。承久三年は淡路国が京都大番役にあたっていたため、淡路の御家人は上洛して佐々木高重の指揮下に入っていた。そこで後鳥羽院の挙兵にあい、佐々木高重にしたがって京方についたのである。承久の乱で領地を失わなかった御家人は、病気と服喪のために京都に赴かなかった二人だけであった。京方の中枢は反鎌倉で強い意志をもっていたが、その配下にはこのような巡りあわせの悪さを嘆く人も多くいたのであろう。

怨恨の系譜を引きずる人々

京方のなかには、激しい闘志を剝き出しにして戦った人々がいる。彼らが京方についた事情をみると、鎌倉幕府に対する怨念の歴史がかいまみえる。そこからは、鎌倉幕府を単純に武士の利害を代表する政権とはいえない複雑な事情もまた浮かび上がってくる。

京方の急先鋒の一人三浦胤義については、もはや述べる必要はないであろう。彼は、将軍家からの大切な預物として育てていた二代将軍頼家の遺児を北条義時に殺されたがゆえに、鎌倉幕府と袂をわかった。『河内本源氏物語』の編者として知られ、「鎌倉近日蔵人頭」といわれた実朝の側近河内守源光行や、頼朝の義弟一条能保の子宰相中将一条信能をはじめ、源家将軍と親しかった公家・武家は、将軍家を断絶させた鎌倉幕府と袂をわかち、後鳥羽院の挙兵に積極的に応じていった。

次に、鎌倉の政変で敗れた人々の縁者である。比企能員の娘婿糟屋有季は、小御所合戦で討死を遂げた。京方の交名《きょうみょう》をみると、糟屋有久・糟屋有長・糟屋久季・現覚と糟屋一族の名が連なっている。彼らは一条家に嫁いだ姉妹を頼って上洛し、新たな居場所を後鳥羽院の側にみいだしていたのである。梶原景時の与党勝木則宗《かつきののりむね》もまた、その好例であろう。

今ひとつの大きな流れは、治承・寿永の内乱までさかのぼる。鎌倉幕府が成立するときに切り捨てられた、畿内の武士団の末裔である。

『吾妻鏡』承久三年六月一九日条

十九日、壬申《みずのえさる》。六波羅で　錦織判官代を生け虜《ど》る。これは弓馬相撲の達者、壮力人を越える勇士である。院中に参陣したところ、官兵が敗北したので度を失って逃亡したが、難遁《のが》れがたきこと思って、忽然として出来《しゆつたい》した。彼と勝負するにふさわしい東国の勇士を撰んだ。佐野太郎・同次郎入道・同三郎入道などである。相撲で競わせたところ、錦織は簡単には雌伏しなかった。佐野の郎従が駆け込んで、ようやく主人を守ったということである。今日、武蔵太郎時氏は、去十四日宇治川渡河の時にしたがった者六人を招き、盃を勧め、贈物を贈った。

近江国の武士錦織義継《よしつぐ》にまつわるエピソードである。錦織氏は、八幡太郎義家の弟新羅三郎義光《しんらさぶろうよしみつ》の末裔、園城寺南院にあった新羅明神《しんらみようじん》をまつる新羅社の氏人《うじびと》である。また、新羅源氏は園城寺に金光院《こんこういん》を建立していた。園城寺と密接に結びつくことによって、近江国に勢力を伸ばしてきたのである。

この末裔が、近江源氏山本義経である。

山本義経は、富士川合戦で平氏の追討使が敗走するのをみて、治承四年(一一八〇)一一月に挙兵、琵琶湖の船を東岸に集めて交通を遮断した。治承四年一二月二日に平知盛《とももり》を総大将とした追討使が近江国に攻め込むと、園城寺の僧兵と美濃源氏の援軍を仰いで抗戦し、近江国を統一する勢いを示した。しかし、平氏の援軍が続々と投入されるにおよび、美濃国に向かって次第に後退していった。平氏の追討使と近江・美濃源氏の最後の決戦が、治承五年閏二月の墨俣川《すのまたがわ》合戦である。この戦いに敗れた後、近江・美濃の源氏は雌伏することになる。

その後、寿永二年(一一八三)七月に木曽義仲の軍勢が京都に迫ってくると、近江・美濃の源氏は再び挙兵して木曽軍に合流した。この時、石川や豊島《てしま》といった畿内の源氏、甲斐源氏の安田や一条といった人々も京都をめざして軍勢を進め、木曽軍に合流した。義仲は、京都に進撃するときに、平氏と戦って雌伏していた畿内の武士団を傘下に納めたのである。義仲の入京の時、先陣を勤めたのが近江源氏の錦織義高である。

承久の乱で京方の勇士として名を残した尾張国の山田重忠も、墨俣合戦で討死した山田重満《しげみつ》の子、従兄弟の葦敷重隆《あしきしげたか》は木曽義仲にしたがって上洛していた。彼らは、治承・寿永の内乱で重要な役割を果たしたにも関わらず、義仲が先に京都に進撃したがゆえに、義仲にしたがったのである。それゆえ、木曽義仲とともに頼朝と戦い、雌伏したのである。

山田重忠の周辺

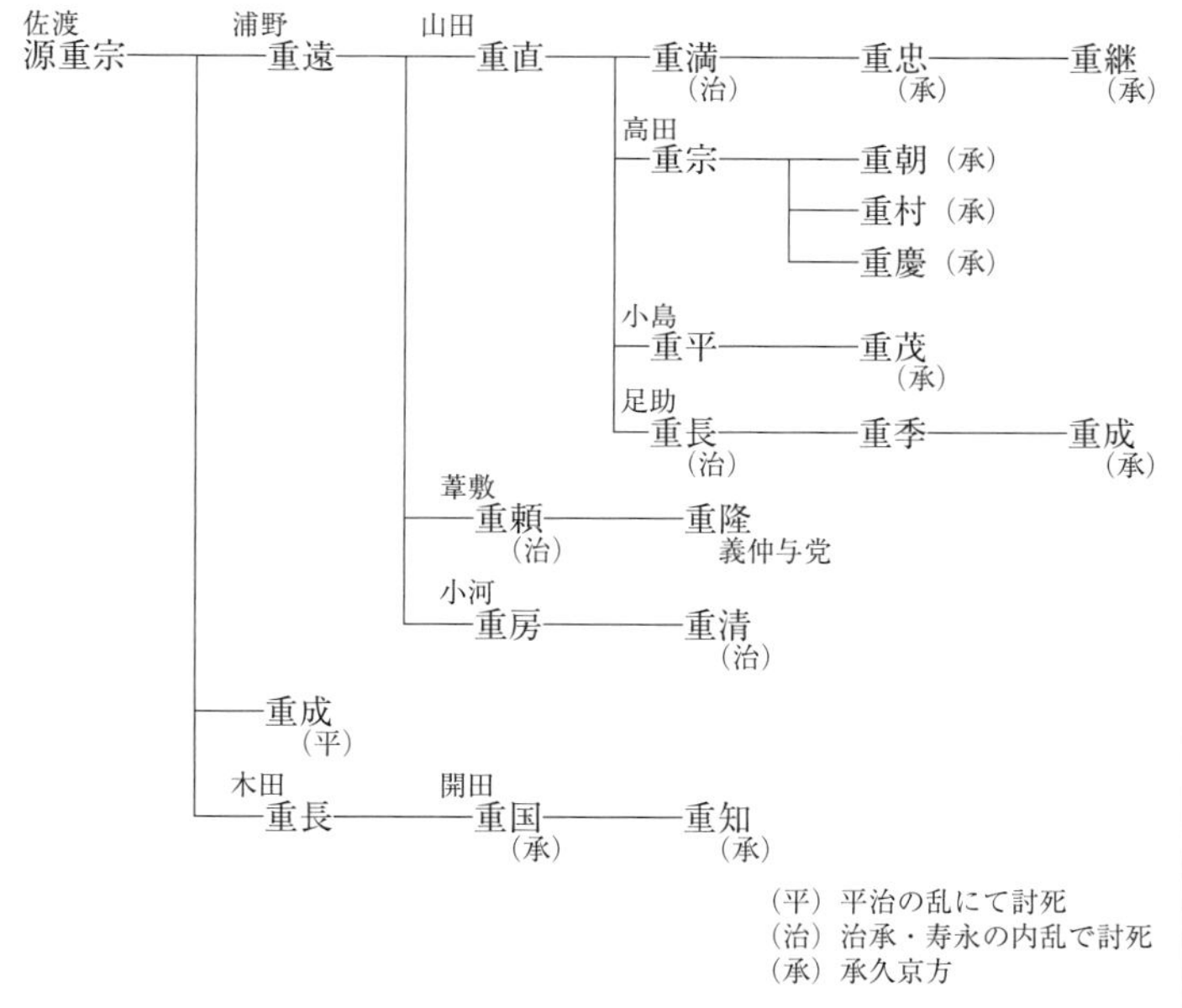

近江国も美濃国も、血みどろになって平氏と戦った近江源氏や美濃源氏ではなく、頼朝の側にいた佐々木氏や大内氏が守護となった。頼朝は、国内の武士を束ねて平氏と戦った人々を無視し、その上に鎌倉にいた人々をいきなり載せたのである。近江や美濃の武士が後鳥羽院の誘いに応じ、鎌倉と戦う道を選んだのも自然な成り行きであった。

院西面に祗候した仁科盛遠《にしなもりとお》もまた、『承久記』では北条義時によって所領二か所を没収されたことを恨んでということになっているが、一族の仁科盛家《もりいえ》が木曽義仲にしたがって上洛していたのである。

後鳥羽院の誤算

鎌倉幕府の基盤は、伊豆・相模・武蔵・安房・上総・下総といった南関東の諸国にある。鎌倉幕府が御家人と呼ばれる地方武士の利害を代表する政権であるというとき、頭に置くのはこれらの国々の武士である。しかし畿内をみると、鎌倉幕府は畿内の在地の勢力を代表する武士を重く用いて利益代表としてはおらず、源家一門・北条氏・坂東の有力豪族のなかから登用した守護を派遣し、畿内の武士の上に載せていた。

治承・寿永の内乱をさかのぼってみると、畿内の源氏もまた反平氏の兵を起こし、それを最終的に束ねたのが木曽義仲であった。頼朝は、義仲とともにそうした畿内の源氏も潰して入京を果たしたのであり、畿内の源氏は鎌倉幕府に対して素直に対応する理由をもたなかった。後鳥羽院は、そのような源氏に代表される畿内の武士団の不満を見事に吸収し、軍勢を集めることに成功した。

また、鎌倉幕府は源家将軍を切り捨てたことによって、多くの御家人を離反させていた。後鳥羽院は三浦胤義や大内惟信に代表される離反勢力をも取り込み、彼らが幕府を内部から切り崩すことによって、鎌倉幕府に勝てると考えた。

しかし、政子は得意の名演説で素朴な気風を残す坂東の中小武士団の意思をまとめることに成功し、鎌倉幕府は内部崩壊を免れた。その様子をみて、有力武士団たちも積極的に動く気配をみせはじめたのである。有名な場面なので、『吾妻鏡』から引いてみよう。

『吾妻鏡』承久三年五月一九日条

（前略）二品（北条政子）が家人らを簾下に招き、秋田城介安達景盛に大声で語らせた。「皆、心を一つにして聞きなさい。これは、最後の詞です。故右大将軍（源頼朝）が朝敵を征伐し、関東を草創してから今日まで、官位といい、俸禄といい、其恩は既に山岳よりも高く、溟渤《めいぼつ》よりも深い。その恩に報いようとする志は浅くはないのですか。しかし、今は逆臣の讒言によって、非義の綸旨が下されてしまいました。武門の名を惜しむ御家人は、早く藤原秀康・三浦胤義らを討ち取って、三代将軍（頼朝・頼家・実朝）の残したものを守ってください。ただし、後鳥羽院の元に赴きたいと思っているは、只今はっきりと伝えてください」と。群参した御家人は皆、北条政子の訴えに応じた。（後略）

政子が御家人をまとめることに成功したことによって、泰時は心おきなく軍勢を京都に進発させたのである。

後鳥羽院の誤算は、坂東の武士団が畿内近国の武士団がもつ不満や憤りをもっていないことを読み切れなかったところにあった。また、後鳥羽院は大軍を集めることはできたが、その軍勢を指揮する器量を有する大将をもたなかった。京方は、全体の判断をしながら軍勢を進退させることのできる総大将をもたないため、無惨な敗北を喫っすることになったのである。

第五章　北条政子の時代が終わるとき

1　政子のあせり

「伊賀氏事件」とは

北条政子と弟の義時が主導する政権は、源家将軍に対する追慕をはばからない人々を承久の乱で一掃したことによって、より磐石なものになるかにみえた。それからわずか三年、この政権は義時の急死によって、突然に崩壊したのである。

これから述べる伊賀氏事件について、通説は、『吾妻鏡』元仁元年（一二二四）六月二八日条に記された風説を事実として事件の枠組みを考えてきた。伊賀氏陰謀説である。

しかし、この事件は、北条家が世代交代のたびに繰り広げられた権力抗争のひとつであり、将軍家と北条氏の関係が変化していたこと、また北条家のなかでも鎌倉幕府草創の功を誇る第一世代に対する反発が強まっていたことから、時代の変化に対してあせった政子が強引に創り上げた事件だったのである。

伊賀氏系図

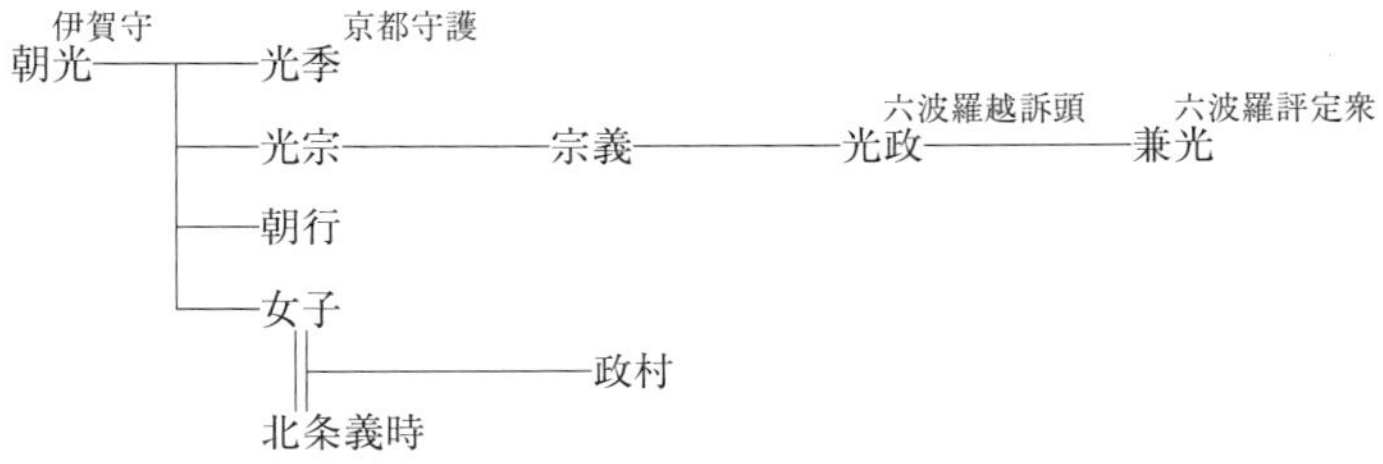

政子は、鎌倉に迎えた将軍九条頼経を猶子《ゆうし》とし、承久元年（一二一九）から亡くなる嘉禄元年（一二二五）までの六年間、将軍家歴代に数えない将軍として鎌倉幕府を主導した。鎌倉幕府の公文書は、この時期に北条政子が決裁した文書を「二位家御成敗《にいけごせいばい》」と呼んでいる。

この政権は、元仁元年（一二二四）に義時が急死したことにより、変動期に入っていく。政子は、義時の嫡子泰時《やすとき》と手を組むことによって政権を維持しようとした。しかし、泰時は壮年期を迎えていて、その周囲には有力な支持者が集まっていた。泰時からみると、将軍家の養母となってでも専制政治を続けようとする政子の政治姿勢は、時代にそぐわないものになっていた。政子を支持したのは、鎌倉幕府草創期から活躍してきた宿老の大江広元だけでしかない。一方、泰時の側にいたのは北条時房・三浦義村・足利義氏《よしうじ》といった人々で、草創期の世代からみると二代目・三代目になっていた。政子は、都市住民として成熟をみせる二代目・三代目の心をつかみきっていなかったのである。伊賀氏事件にみえる対立の基本的な構図は、第一世代と第二世代・第三世代の対立にある。

この事件の展開のなかで興味深いのは、政子の攻撃した伊賀氏があまりにも弱く、誰もが伊賀氏の陰謀を信じなかったことである。そもそも、伊賀氏は蔵人所に代々仕えた下級官人である。伊賀氏の名字は、伊賀朝光《ともみつ》が伊賀守に補任されたことによるもので、伊賀国に基盤をもっていたわけではない。北条氏との関係は、朝光の娘が義時の妻となったことに始まり、その娘が政村の母となったことにより深まっている。承久の乱では、義時は義弟の伊賀光季《みつすえ》を京都守護として上洛させ、光季は後鳥羽院の招きを断って館に籠り、見事な最期を遂げている。伊賀氏の家名は、この一事であがったといえる。その後、伊賀光季の弟光宗《みつむね》は政所執事となり、幕府の要人の一人に数えられるようになった。伊賀氏は、武士ではなく、武官を勤めることもできる諸大夫である。政子は、義時が亡くなると、義時の後家として北条家のなかで重きをなすことになる伊賀氏に謀反の疑いありとして討伐しようとした。しかし、泰時は、この政子の動きを咎め、協力しようとはしなかった。鎌倉幕府の要人ではあっても文官にすぎない伊賀氏が鎌倉幕府を転覆させるような陰謀を企んでいるといっても、信憑性がなかったのである。

北条義時の急死

元仁元年（一二二四）六月一二日辰刻、義時の持病が急変し、翌一三日の巳刻には卒去した。この間の事情を『吾妻鏡』からみてみよう。

『吾妻鏡』元仁元年六月一二日条

十二日戊寅《つちのえとら》、雨下る、辰剋、前奥州義時の病が重くなってきた。日頃から体調を崩されることはあったけれど、特に大病というほどのことではなかった、しかしながら、今度は急激に容態の悪化がみられた。そこで、陰陽師《おんみようじ》安倍国道《くにみち》・安倍知輔《ともすけ》・安倍親職《ちかもと》・安倍忠業《ただなり》・安倍泰貞《やすさだ》などを招請し、卜筮《ぼくぜい》を行った。結果は、大事には及ばないと出た。戌刻、病状は快方に向かうとの占断が出そろった。そこで、病気平癒の御祈禱が始められた。天地災変祭二座［国道・忠業］、三万六千神祭［知輔］、属星祭《ぞくしようさい》［国道］、如法泰山府君祭《にょほうたいざんぶくんさい》［親職］などが始められ、祭具なども、型どおりのものが取り揃えられて始められた。十二種の宝、五種の身代［馬牛男女装束等也］などもことごとく揃えられた。このほか、泰山府君、天曺地府祭《てんちゆうちふさい》等数座が行われた。これらは北条義時と親交のあった人々がそれぞれに行わせたとのことである。しかしながら、北条義時の容態は次第に悪化していった。

『吾妻鏡』元仁元年六月十三日条

十三日己卯《つちのとう》、雨降る、前奥州（北条義時）の病はすでに獲麟《かくりん》（臨終）に及んだので、駿河守重時を使いとして、この事を若君御方（九条頼経）に申し上げた。九条頼経から恩許を得た後、今日寅剋に落飾なさった。巳剋［もしくは辰分か］ついに御卒去［御年六十二］なされた。日頃から脚気を煩っていたところに、霍乱《かくらん》が重なったとのことであった。昨日の朝から弥陀宝号を唱え続けられ、終焉のときまで気を緩められることはなかった。丹後律師が極楽往生へ導く善知識の役を勤め、北条義時は外縛印《げばくいん》を結んで、念仏数十反の後に寂滅なされた。誠に型どおりの見事な往生だったということであった。午剋、飛脚を京都に遣わされた。また、義時の後室伊賀氏が落飾《らくしょく》なされた。荘厳房律師行勇《ぎょうゆう》が結縁の戒導師を勤められた。

この日の慌てぶりをみると、北条氏の人々は義時の卒去を予想していなかったように思われる。この日できたことは、北条重時を御所に遣わして義時の身暇を給わり、義時を出家させて極楽往生の形式をとらせたことだけであった。義時の正室伊賀氏は、型どおりに髪をおろし、行勇を戒導師として、仏と縁を結ぶ結縁潅頂《けちえんかんじょう》を行った。尼となって余生を義時の供養ですごす準備は、着々と進められていた。

伊賀氏の意思はどこにあったのか

北条氏の本家は義時の急死で慌ただしくなったが、伊賀氏は義時の死を覚悟し、準備を整えていたかのようである。伊賀氏が何を準備していたか、はじめに確認しておかなくてはならない。

『吾妻鏡』元仁元年六月一八日条

戌剋、前奥州禅門（北条義時）の葬送が行われた。故右大将（源頼朝）の法華堂東の山上を墳墓とした。葬礼を安倍親職に仰せつけたところ辞退を伝えてきた。安倍泰貞もまた文書を所持していないと理由をつけて辞退した。そのため、安倍知輔朝臣にこの葬礼を申しつけた。式部大夫朝時・駿河守重時・陸奥四郎政村・陸奥五郎実泰・陸奥六郎有時ならびに駿河二郎三浦義村、および宿老の祗候人などが少々喪服を着て供奉した。そのほかにも、御家人が参会して群れをなした。おのおの哀しみの涙を流したとのことである。

義時の葬儀について、前段に葬礼の故実を記し、後段に参列者の次第を記している。問題なく読めるため見落とされてきたが、この条文は伊賀家の意思を明瞭に伝えている。

義時が定めた嫡子泰時は、鎌倉に向かっているため、葬送には参列していない。そのため、葬送には庶子のみが参列している。参列者は、長幼の順にしたがって記載されている。伊賀氏を母とする政村は、重時と実泰《さねやす》の間にあり、庶子の一人として扱われている。

伊賀氏が北条政村に家督を継がせる意思をもつのであれば、嫡子として振る舞わせるはずである。その場合、政村は先頭に記されなければならないことになる。政村が長幼の順にしたがって並んだことは、伊賀氏が泰時への家督継承を前提として葬礼を執り行ったことを示している。伊賀氏が先に意思表示をしたことにより、泰時もまた伊賀氏と争う意思を示すことはなかった。

鎌倉入りを急がぬ泰時

鎌倉の急使が到着すると、泰時は急いで京都を出発した。六月一七日のことである。北条時房・足利義氏は、六波羅探題が不在となっても大丈夫なように手はずを整えたため、二日遅れた六月一九日に京都を出発した。ところが、泰時は伊豆国府に着くと、ここで逗留することにした。遅れて到着した時房を鎌倉に先行させ、鎌倉の情勢を調べさせたのである。泰時は鎌倉の情勢に強い危惧をもち、情報を集めた後に鎌倉に入ったのである。

伊賀氏の立場から考えれば、政村が新しく家を起こせるように泰時と折り合いをつけ、義時の後家として義時の供養をしながら余生をすごすことができれば十分なのである。伊賀氏が政村を家長に就けようとしていない以上、泰時が伊賀家と対決しなければならない理由は何もないのである。泰時は鎌倉に入り、伊賀氏に家督継承の手続きをとってもらえば、何も起こらないのである。義時の卒去が政変に発展してゆくためには、別の要素が加わらなくてはならない。騒動の震源地は他にあることになる。

2 「伊賀氏事件」はいかに創られたのか

うわさから始まる「事件」

伊賀氏は義時の本宅におり、泰時の鎌倉到着を待って家督継承を行うものと思っていた。ところが、元仁元年（一二二四）六月二八日、政子は泰時・時房を御所に招き、「軍営御後見として、武家の御事を執り行うべき」事を仰せつけた。執権と連署に任命したのである。大江広元は鎌倉幕府の政務が遅滞することを嫌い、政子の意見に積極的に賛成した。これに対して伊賀家は激しい憤りを示し、一条実雅を将軍にたて、政村を執権に就けるべく謀議が行われたとの風説が流れた。今までは、この風説を事実と認定し、伊賀氏謀反を前提とした事件の枠組みを組み立ててきた。事件をみていくうえで重要な条文なので、全文を読むことにしよう。

『吾妻鏡』元仁元年六月二八日条

廿八日甲午《きのえうま》、武州（北条泰時）が、はじめて二位殿（北条政子）御方に参上した。服喪の最中ではあるが、憚《はば》かりなしとのことであった。相州（北条時房）・武州は軍営御後見として、武家の事を執り行うべき旨を、北条政子から仰せつけられた。しかしながら、先々のことを考えれば軽率ではないかとの心配から、前大膳大夫入道覚阿（大江広元）に相談した。覚阿が申すことには、延び延びになって今日に及んでいる。なお遅引をいえば、鎌倉幕府が治まるのかどうか、人々が疑うであろう。決めなければならないことは、早くその沙汰を行うべきでしょう。前奥州禅室（北条義時）が卒去した後、世の中には不確かな噂が飛び交っている。武州は弟を討ち滅ぼすために、京都から鎌倉に下ったとの噂は、以前から流されている。そのため、四郎政村の周辺は物騒になっている。伊賀式部丞光宗兄弟は、政村の外戚である。内心では、執権になれないことを憤っている。奥州後室（伊賀朝光の娘）は、娘婿の宰相中将実雅卿を関東将軍にたて、子息政村を執権に就け、鎌倉幕府の運営を光宗兄弟に行わせたいと密かに考え、すでに多くの人々と語っている。今では、人々は思い思いの事を考えているというものであった。武州は味方の人々からいろいろな話を伝えられたが、事実ではないと否定して、騒ぎたてようとしなかった。それどころか、日頃から身近にいる人以外の参入を禁止したので、平三郎左衛門尉盛綱・尾藤左近将監景綱・関左近大夫将監実忠・安東左衛門尉・万年右馬允・南条七郎時員などが周囲の見回りをした。はなはだ、閑散としたものであった。

泰時は、この日流れていた風聞を「不實《ふじつ》たるかの由を称し、敢て驚ろきを騒ぎ給わらず」と否定した。事前調査が行き届いていたため、鎌倉に入ってから風説に迷わされることがなかったのである。泰時が平静を保ったことにより、鎌倉中の騒動は鎮静化した。今まで風説にしたがって事件の全体像を明快に組み立ててきたが、『吾妻鏡』をじっくり読むと、条文のなかで風説は否定されていることがわかる。

義時卒去後も、伊賀氏は後家として義時の本宅大倉邸にいた。大倉邸には義時が家長として所持していた文書・記録・家宝があり、泰時はこれを引き継ぐことなしには正式な家長になれなかった。政子が泰時を執権に補任したとしても、伊賀氏が義時の遺産を分配し、北条家の家長が継承していく財産を泰時に譲らない限り、家督継承は完成しないのである。

本来であれば、はじめに伊賀氏が、泰時に対して家長が継承していく家の基本財産（渡領）を譲与し、その後に泰時は御所に出仕し、将軍家から義時が帯びてきた役職の継承と相続した財産の安堵をしてもらう手順を踏む。この場合、鎌倉殿九条頼経が幼少のため、政子が理非を判断することになる。

政子が鎌倉幕府の執権を補任したことは、鎌倉殿がもつ人事権の範囲内なので何ら問題はない。問題なのは、伊賀氏が家長の代理として家督継承の手続きを行う前に、政子が北条家重代の職に泰時を任命したことである。

北条家は、時政・義時と二代にわたって将軍家を後見し、鎌倉幕府の政務を運営してきた。義時が政所別当と侍所別当を兼帯し、鎌倉幕府の政務全般を主導するようになってから、その職掌は執権として強く意識されるようになった。それによって、北条家の家長＝執権の意識が定着していたとすれば、この場合にふさわしいのは鎌倉殿からの任命ではなく、北条家が出した世代交代の申請を鎌倉殿が承認する譲任の形式である。泰時が政子に反感をもったのは、政子が鎌倉幕府の公権力を公使して北条家の家長権を弱める行動に出たためである。

そのため、泰時は自邸を平静な状態に保ち、事態の鎮静化をはかった。また、伊賀氏は不穏な情勢を察知して大倉邸に籠り、まったく動こうとはしなかった。伊賀家が当初から武力によって対抗する姿勢をとらなかったことにより、政子は伊賀氏討伐の口実を得ることができなくなったと思われる。政子は泰時や時房と手を結んで多数派を形成することに失敗し、また伊賀家が政子の挑発に乗らなかったことによって、事件は長期化の様相を呈しはじめた。

翌二九日、政子は北条時氏と北条時盛を六波羅探題に補任して上洛させた。政子が政局の主導権を握っていたのはここまで、わずか二日で手詰まりとなったのである。北条家の家督継承の手続きもまた、伊賀氏が大倉邸に籠ったまま宙に浮いた状態となったのである。

北条政子と三浦義村のかけひき

七月五日、伊賀光宗と三浦義村が使者をさかんに往来させた。義村が伊賀氏を支持する態度を示しはじめたことによって、事態が動きはじめたのである。この日を境に、三浦義村が伊賀氏側の中心人物として振る舞うようになった。この事件は伊賀氏事件と呼ばれるが、伊賀氏や一条実雅が中心になって動くことはなかったのである。

七月一七日の深夜、政子は三浦義村邸を訪問し、政局の落とし所を探る話合いが行われた。少々長いが、『吾妻鏡』の条文を引用してみよう。

『吾妻鏡』元仁元年七月一七日条

十七日、壬子《みずのえね》、晴、近国の輩が競い集まって門々の戸に卜居したので、今夕は太だ物忩《ぶっそう》になった。子剋、二位家北条政子は女房駿河局のみを供として、潜かに駿河前司三浦義村の館に渡御した。三浦義村は、北条政子の来訪を謹《つつし》んで出迎えた。北条政子は、「奥州（北条義時）の卒去によって武州（北条泰時）が鎌倉に下った後、人々は群をなし、世情は穏やかでない。北条政村ならびに式部丞伊賀光宗は、しきりに三浦義村のもとに出入りし、密談を進めていると噂が流れている。このことは、何事か。君等は、何を考えているのか。もしくは、武州に謀をめぐらして、我が道を行こうとするのか。承久の乱の時、関東の運命は天命に委ねられたとしても、その半ばは北条泰時の功績ではないのか。北条義時は幾度となく戦場に赴いたことによって、鎌倉に平和をもたらした。その跡を継いで関東の棟梁となるべき者は北条泰時である。北条泰時でなくて、誰が鎌倉を治めることができるのか。北条政村と三浦義村は親子のように親しくつきあっていると聞く。どのようにして、談合の疑いを否定しきるのか。二人とも事なきをえるように、しっかりと言いきかせなさい」。三浦義村はそのような事は知らないと申し上げた。北条政子は承伏せず、「北条政村を助けて世を乱す意思があるのか、和平を探る意思があるのか断言せよ」と重ねて迫った。三浦義村は、「北条政村にまったく逆心はない。伊賀光宗には考えがあるようだ」と答えた。また、伊賀光宗は私の判断でおとなしくさせますと誓約した。この言葉を聞いて、政子は御所に還った。

この条文を読むと、政子の説得が効を奏したかのようにみえる。政子は鎌倉殿の権限をもって滔々と言葉を連ねた説得を行い、誓言をとったのであるから、形式的にはそのとおりである。しかし、政子と三浦義村の間にある上下関係の修辞を取り除くと、義村が会談の果実をとったことがみえてくる。修飾的な表現を取り除いた上で、この夜の会談の合意点を整理してみよう。

一　三浦義村は、北条泰時の家督継承および執権職就任を承認すること、
二　北条政子は、北条政村を処罰しないこと、
三　三浦義村は、責任をもって伊賀光宗の策謀を抑えること、

北条泰時を中心とした家族関係

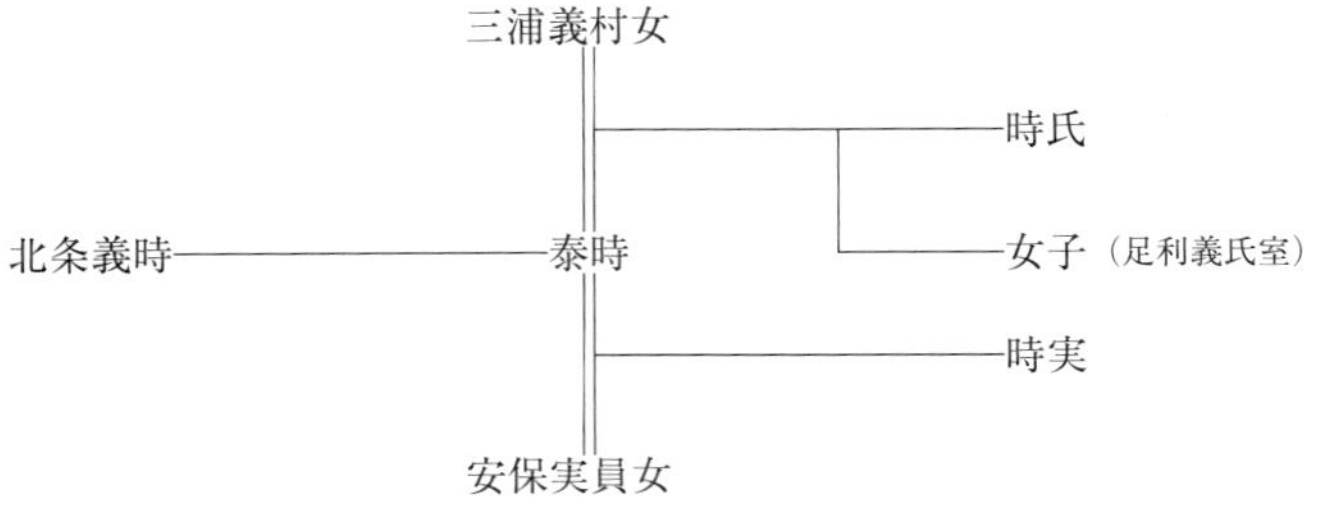

＊この他、泰時の子には、園城寺の僧となった公義・三浦泰村室・北条朝直室・富士姫などが確認される。

以上の三点である。第一の争点では、政子が義村を伊賀氏与党と決めつけて詰問することによって、伊賀氏支持をやめさせようとしたものと思われる。しかし、泰時の家督継承の問題は、伊賀氏が政村に家督を継がせる意思をもたない以上、反対する者はいない。政子がどんなに言葉を連ねても、「自分が北条泰時を執権に就任させたんだ」というアピール以上のものにはならない。裏を返せば、政子は自分以外の者が北条家の家督継承を行うことが気に入らないことになる。政子が伊賀氏を攻撃する理由が、ここに明らかになる。

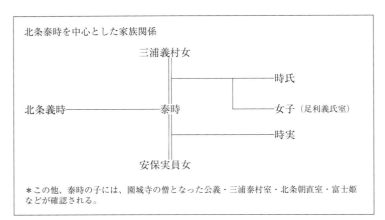

三浦義村は泰時の嫡子時氏の外祖父、泰時が家督を継ぐことによって北条家との関係は深まることになる。義村が政村と親子の礼をとるとしても、政村を支持して泰時を滅ぼすことは大きな損失になる。義村がこの問題で政子と対立したのは、政子が北条家を混乱させているためといえる。

第二と第三の争点は、政子が伊賀家と政村を潰そうとしているのに対し、三浦義村が守りきることができるか否かという点にある。政子の詰問に対し、義村は政村が事件に一切関係していないと言い切り、政村を圏外に逃すことができた。しかし、伊賀光宗に関しては思い当たることがあると、あいまいさの残る答えをしている。

この日の会談は、政子が義村から言質をとったかのようにみえる。しかし、政子は、政村に手出しできなくなったうえに、義村の承諾なしに伊賀家を処罰することができなくなった。実際には、誓言によって義村が政子の行動に制約をはめたとみることができる。翌日、義村は泰時邸を訪問し、政子との会談の内容を報告し、承認を得た。

政子はいかに政変を完成させたのか

七月三〇日夜、鎌倉に騒動が発生した。『吾妻鏡』には「夜になって騒動があった。御家人は皆旗をあげ、甲冑を着て鎌倉の市街を走りまわった。しかし、飛び交った風聞が根拠のないものとわかり、明け方には静かになった」と記されている。

翌閏七月一日、政子は鎌倉殿九条頼経を伴って泰時邸を訪づれ、三浦義村を呼び出して騒動の責任を詰問し、そのまま軟禁した。その後、中条家長・小山朝政・結城朝光といった宿老を鎌倉殿九条頼経の御前に招き、泰時を同席させたうえで忠誠を誓わせた。宿老たちは、鎌倉殿九条頼経・後見人政子・執権泰時を中心とした新体制を承認したのである。そのうえで、政子は謀反の咎によって伊賀一族の処罰を強行した。この騒動を伊賀氏事件という政変にするための最後の仕上げにかかったのである。

『吾妻鏡』元仁元年閏七月三日条

三日、戊辰《つちのえたつ》、二品（北条政子）の御前で、世上の事について沙汰が行われた。相州（北条時房）が参上した。また、前大膳大夫入道覚阿（大江広元）も老病をおして参上した。この日の評議は、関左近大夫将監実忠が記録をつけた。伊賀光宗が宰相中将一条実雅卿を関東の将軍に就けようとした陰謀が露顕した。ただし、一条実雅は公卿なので、鎌倉では処罰を行わず、其身を京都に送って罪名を奏上することにした。また、北条義時後家伊賀氏ならびに伊賀光宗の流刑が決定した。その他の人々は、たとえ与同の疑いがあったとしても、処罰せぬことを決定したということである。

八〇日に及ぶ政変の割には、トカゲの尻尾切りに終わったような事件である。

一条実雅は、伊賀家の女婿であるとともに、九条頼経の腹心となるべき人物であった。一条実雅の罪科を奏上して決定を朝廷に委ねることは、鎌倉からの追放を意味していた。それ以外の人物は、伊賀氏と伊賀光宗の一族に限定された。伊賀光宗は政所執事職および所領を没収して信濃国に流罪となり、伊賀氏は伊豆国北条に流罪となった。伊賀光宗の弟朝行以下の人々も、信濃国に流罪となった。処分の範囲を拡大させなかったことは、七月一七日に行われた政子と三浦義村の会談の範囲を越えなかったことを意味していた。

事件後、伊賀氏のいた大倉邸には政子が入った。政子は、北条家の女主人の地位を確立したのである。

伊賀光宗の無念

翌元仁二年（一二二五）四月、宇都宮朝業《ともなり》は善光寺詣の途中で、姥捨《おばすて》山の麓にあるという伊賀光宗の配所に立ち寄り、和歌を詠み交わした。宇都宮朝業の兄宇都宮頼綱《よりつな》は、牧氏事件の後に謀反の嫌疑をかけられ、出家せざるをえない立場に追いつめられた。言いがかりに近い嫌疑によって潰された悔しさは、朝業にもよく理解できた。宇都宮朝業の私家集『信生《しんしょう》法師集』から、二人のやりとりをみてみよう。現代語訳には、適宜句読点を入れている。

君（将軍家）に仕えていた昔は、和歌浦の波のように、同じ身分でたちまじっていた。こうして、世を逃れる身となった今、朝倉山の雲となってしまった伊賀式部丞光宗は、谷の小手《こて》巻《ま》きに埋もれ、姥捨山の麓に埋もれていた。

沈み込んでいるであろう彼の心の内を思うと何とも気の毒で、このような折りこそ、人の情けが身にしみるほどありがたいものだと思い、配所を訪ねることにした。

伊賀光宗は、昔の姿を知る者にとっては、なんとも粗末な茅葺きの家に住んでいた。小屋の隅にひどい身なりをした男が一人たっていた。（私は）家からみたことのある男が出てくるとみていると、（その男は）慌てた様子で主人に知らせに戻った。光宗が出てくると、何とも信じられないという顔でしばらくはたちつくしていたが、涙があふれ出してくると、言葉にならないようであった。そのうち、光宗は「このようなあばら屋のなかにいて、短い春の夜のあかすことがたえがたく、楽しい秋の日も暮らしがたいと思ってすごす心の内を、ただ思いはかっていただけますか。身につけたものも、昔の面影は今にもましていかがと思っていたところを、憂き世の辛さにたえた命の辛らさも、（あなたが訪ねてくれたことで）今こそ嬉しく思われてなりません」と語った。（中略）

大方も　なぐさめかぬる　山里に　ひとりやみつる　をばすての月

返し

物おもふ　こころのやみの　はれぬには　みるかひもまし　をばすての月

宇都宮信生（朝業）は、昔のよしみから伊賀光宗の配所を訪れたが、そこで光宗の無念の深さに触れることになった。伊賀光宗は、信濃国姥捨山の配所で鬱々とした日々をすごし、政子に対する怨念を深めていたのであろう。政子が伊賀氏を強引に潰したことは周知のことであったため、伊賀家に対する同情は強かった。それゆえ、宇都宮信生は伊賀光宗の配所を訪れて慰めようと思い、泰時は政子が薨去した後に伊賀光宗を鎌倉に復帰させたのである。

3　「伊賀氏事件」とは何だったのか

風説のもたらすもの

『吾妻鏡』は、伊賀氏が陰謀を企てたことを一度も明言していない。明確に記していることは、政子が謀反の咎によって伊賀家を処分したことである。

梶原景時事件以来、政子が心掛けた政変には、風説やつぶやきが重要な役割を果たしてきた。政子は、自らささやいたり、妹の阿波局を使ったりして実働部隊となる人々を挑発していった。結城朝光や北条時政は実によく働いたといってよいであろう。しかし、伊賀氏事件では、泰時も独自によく調べていた。泰時が己の判断を信じて風説を否定したことにより、政子を苦しい立場に追い込んでいった。風説が次々と否定されたうえに、伊賀氏が大倉邸に籠って動かなかったことにより、伊賀氏事件は長期化の様相を呈した。御家人たちは風説に動揺し、鎌倉の市街をたびたび騒擾に陥れた。政子は、御家人の騒擾を理由にようやく三浦義村を軟禁し、伊賀氏に謀反の咎をかぶせて処罰したのである。伊賀氏の陰謀は虚像にすぎないが、伊賀氏を謀反の咎で処罰したことによって虚像は実像に転化したのである。

政子の鈍る判断力

伊賀氏事件は、政子が義時の後家伊賀氏を追放しようとした事件である。

この時代の家族制度からいうと、義時が泰時へ家督継承の手続きをとらないで卒去した場合、伊賀氏が義時後家の立場から家長権を掌握することは自然な成り行きであった。一方、政子は養親として鎌倉殿九条頼経を後見する立場にあったが、北条家の世代交代が進んだことにより、北条家の家長となる泰時の伯母にすぎなくなった。政子と北条氏本家の関係が希薄になったことにより、政子は伊賀氏の地位が強化されることに強い警戒心を抱いた。政子が本家の家督相続に介入した理由が、ここにある。それに対し、泰時を中心とした新世代の人々は、政子に協力する姿勢を示さなかった。それゆえ、政子は強引に伊賀家を潰したものの、本家との信頼関係をも同時に壊してしまったのである。

政子の影響力がここまで落ちたのは、政子のみがもっていた「将軍家の生母」という伝家の宝刀を失ったためである。摂家将軍の時代になると、政子と鎌倉殿九条頼経の間に血のつながりはなかった。鎌倉幕府は「若君（頼経）が幼少なので、二品禅尼（北条政子）が簾中で理非を聴断」することを定めたが、猶子の関係は契約であり、政子のみが独占できる親権ではなかった。政子と敵対する人々もまた、将軍家の養親となることによって後見人の地位を得ることができたのである。政子は、このことを自覚していなかったといえる。

伊賀家が風説のように陰謀を企てていたとしても、九条頼経を廃して新たな将軍を擁立しなければならない必然性はないのである。ましてや、九条頼経の腹心となるべく外戚の一条家から派遣された殿上人一条実雅を、新たな将軍として擁立しなければならない理由などまったくなかった。政子は将軍家に対する絶対的な地位を失っていたことを自覚せず、牧氏事件のパターンを踏襲して伊賀氏事件を組み立てていたといえる。

しかし、泰時は、政子の使嗾《しそう》に乗らなかった。泰時の成熟した判断は、政子の思惑を超えていたのである。それでも、政子は強引に伊賀家を処罰し、北条氏本家の本宅大倉邸に入ったことによって、泰時に対して強い影響力を保持することに成功した。しかし、政子の露骨なやり口は多くの人々の反感を招いた。北条家が激しい内部抗争を繰り広げた結果、北条氏主導の専制政治は過去のものとなったのである。

専制政治から執権政治へ

伊賀氏事件は、義時が生前に泰時への家督継承の手続きを整えていれば、起きずにすんだ事件である。政子は、義時とともに行ってきた寡頭政治の体制を維持するために政変を仕掛けたのであり、事件の争点はそこにこそあった。政子の攻勢に苦渋を嘗めた泰時は、事件の最中から家政の整備を始めていた。北条家は時政・義時が専制的な体制をしくなかで急成長を遂げたため、判断力のある重臣が育っていないという弱点を曝してしまった。それでも、義時の時代には、侍所司《さむらいしょし》を勤めた腹心の金《かな》窪行親《くぼゆきちか》のような人材が育ってはいたが、彼らはこの事件のなかでこれといった働きを示さなかった。

伊賀氏が義時本宅大倉邸に籠ったため、家政が麻痺したことは理由にできる。義時に仕えた人々は、義時の指示に対しては有能でも、自分で判断することをしなくなっていたのであろう。

泰時は、尾藤景綱《びとうかげつな》・関実忠《せきさねただ》・平盛綱《たいらのもりつな》など腹心の部下を家政の中心に据えた。尾藤景綱と関実忠は、泰時が鎌倉の本宅に入った小町西北邸（小町上邸）内に敷地を与えられ、居住していた。閏七月二九日、泰時は尾藤景綱を家令に定め、後見人に指名した。この事は、伊賀氏事件に勝って北条家に対して発言力を増そうとしている政子に対し、家政の中枢を掌握する補佐役を明確にすることによって防波堤のひとつにしたといえる。八月二八日、泰時は尾藤景綱・平盛綱を奉行として家務条々を定めた。内容は明らかでないが、北条家の家政運営の基本事項を明文化したものと考えてよい。

泰時は、北条氏本家の家政運営が内外の情勢変化によって揺らぐことがないように、家政運営の基準と、責任をもって行動する幹部を明確にしたのである。泰時が行った評定衆《ひょうじょうしゅう》の設置や『御成敗式目《ごせいばいしきもく》』の制定といった鎌倉幕府の改革は、北条家の家政改革の拡大版と考えてよいであろう。泰時が行った鎌倉幕府の機構改革は、将軍家との親族関係によって成立していた「軍営後見」＝執権の地位を、職制上の地位に転化させることであった。泰時が模索した新しい政治の形態は、鎌倉幕府政治のひとつの理想形とされる執権政治となって結実する。

泰時を首席とした執権政治は、『御成敗式目』の制定や評定衆の創設といった機構整備を通じて、北条氏一門・宿老に列する有力御家人・幕府高官に列した文官を主要スタッフとした合議制への転換を実現した。また、将軍家の侍読《じとう》中原師員《もろかず》をはじめ、九条家は鎌倉に多くの知識人を派遣した。鎌倉幕府の草創期に活躍した大江広元や中原親能の系譜を引く文官は鎌倉幕府の高級官僚に転身し、九条家が派遣した第二世代が幕府の運営に精通した技術職員となっていった。執権政治の時代は、九条家から膨大な知識と技術を吸収することによって政治と文化の技術を向上させていった。

しかし、このような政治は北条泰時という個人の資質に依拠するところが多かった。泰時の死とともに、執権政治は大きく動揺することになる。

第六章　宝治合戦の真実

――北条時頼の苦悩と安達景盛の決断

1　北条時頼のクーデター――宮騒動

大殿九条頼経の可能性

本章では、泰時が卒去した仁治三年（一二四二）から三浦泰村が滅亡した宝治《ほうじ》合戦（一二四七）までの六年におよぶ政治過程をたどる。

執権政治は、壮年期に達していた泰時が優れた調整能力を発揮することによって、はじめて運営できる政治形態であった。伊賀氏事件に対する反省から、泰時が合議と協調を重んじた政治を行おうとしたためである。その泰時が仁治三年六月一五日に亡くなると、嫡孫経時《つねとき》（一二二四～四六）が家督を継承した。泰時の嫡子時氏《ときうじ》は寛喜二年（一二三〇）に亡くなり、次子時実《ときざね》も安貞元年（一二二七）に不慮の死を遂げていた。そのため、嫡孫経時への継承となったが、経時は若年ゆえに求心力は弱く、得宗家主導の政治に不満を募らせていた人々は、将軍の父として重きをなしはじめた大殿《おおいとの》九条頼経を結集の核として新たな政治勢力を形成していった。

寛元二年（一二四四）四月、九条頼経は天変を理由に将軍職を嫡子頼嗣《よりつぐ》に譲った。これを機に、頼経は将軍家が勤めなければならない神聖な職務から解放され、「大殿」を称して世俗の権力者として振る舞いはじめた。天皇に対する院の関係と同じものが、鎌倉に形成されはじめたのである。

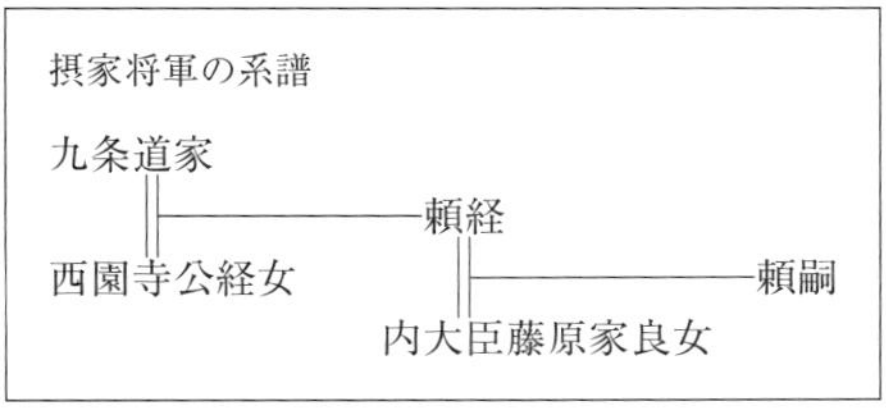

変貌する将軍──源家将軍と摂家将軍の違い

承久元年（一二一九）七月一九日、将軍家を継承する九条頼経が鎌倉に入った。

九条頼経の父は関白九条道家、母は西園寺公経《さいおんじきんつね》の娘である。九条道家は、わずか二歳で鎌倉に下る頼経の周囲を、九条家に代々仕える家から選んだしかるべき人で固めた。九条道家は京都と鎌倉に人を分散させたことにより、朝廷と鎌倉幕府の橋渡しをする存在、後に関東申次《もうしつぎ》と呼ばれる役職の原型を作っていった。

九条頼経とともに鎌倉に下ったのは、殿上人の一条実雅、醫師《くすし》の丹波頼経、陰陽師《おんみょうじ》の安倍晴吉《はるよし》、護持僧の大進僧都《だいしんそうず》観基《かんき》、女房の卿局《そちのつぼね》・右衛門督局《うえもんのすけのつぼね》・一条局などであった。このメンバーのなかで政治や儀礼に関わるのは、一条実雅のみであった。一条実雅は、一条能保の末子で、西園寺公経の猶子となって鎌倉に下向した。一〇月二〇日には北条義時の嫡女の婿となり、北条氏の本宅大倉邸の隣に屋敷を構えた。しかし、一条実雅は義時夫妻と親密な関係を築いたがゆえに、元仁元年（一二二四）の伊賀氏事件で鎌倉を追放されることになる。その他の人々は、陰陽師・護持僧・醫師といった将軍家の側にあってまじないや健康管理を行う技術者や、養育係として鎌倉に派遣された女房であった。

陰陽師や護持僧は、将軍家を禁忌に包まれた清浄な空間で生きる人に変えていった。源家三代が武家の棟梁として武断的な顔をもっていたのに対し、摂家将軍以後の将軍家は、将軍御所のなかで清らかに生きる祭祀王に変わっていったのである。陰陽師が行った四角四境祭《しかくしきようさい》は、都市鎌倉の中心に清浄な空間として将軍御所があり、その外側に疫神に対して守りを固めた鎌倉の市街が広がり、さらにその外側に外界が広がる三重の同心円構造をもつことを明らかにする。将軍家は陰陽師や護持僧に守護された祭祀王となり、世俗のことは執権をはじめとした鎌倉幕府の首脳部に委ねられたのである。執権政治における将軍と執権の関係は、以上のようなものである。

九条家が続々と鎌倉に派遣した人々のなかで、政務に深く関わったのが藤原親実《ちかざね》・中原師員・藤原定員《さだかず》といった諸大夫である。中原師員は将軍家侍読《じとう》・政所別当・評定衆、藤原親実は政所別当・安芸国守護、藤原定員は近習として活躍した。彼らは将軍家の側で仕事をしただけではなく、鎌倉幕府の職員として職務に励んでいった。鎌倉幕府の基本法ともいえる貞永式目《じょうえいしきもく》の制定に、中原師員が深く関わっていたことはよく知られている。

大殿の権勢と破局の予徴

北条泰時が主導した執権政治によって、鎌倉幕府は安定した時代を迎えることができた。しかし、得宗家は、深刻な悩みを抱えていた。泰時は、安貞元年（一二二七）六月一八日に二男時実を失い、寛喜二年（一二三〇）六月一八日嫡子時氏を失った。得宗家の家督は、元仁元年（一二二四）に誕生した嫡孫経時に継承されたのである。北条家を守るため、泰時は死ぬに死ねない状況に陥っていた。泰時が経時の補佐役として育て上げたのが、経時と同い年の甥北条実時である。仁治三年（一二四二）六月一五日、泰時は六〇歳で亡くなった。家督を嗣いだ経時は、まだ一九歳であった。

二年後の寛元二年（一二四四）四月二一日、藤原頼経は「天変」を理由に将軍職を退いた。『吾妻鏡』に記された直前の天変は、正月八日条の「白虹貫日」である。この天変は、中国の戦国時代、燕《えん》の国が滅亡する予徴としてあらわれた天変として有名である。脱線になるが、『十八史略』の文章は名文なので引用させてもらおう。燕の太子丹《たん》から始皇帝暗殺を命じられた荊軻《けいか》が秦《しん》の都咸陽《かんよう》に赴く場面である。

行きて易水にいたる。歌いて曰く、風蕭々として易水寒し。壮士一たび去りて、また還らずと。時に、白虹《はっこう》日を貫く。燕人、これを恐る。

『十八史略』は明治時代中期まで歴史の教科書として読まれたため、白虹貫日は日本人には日蝕・月蝕と同じくらいになじみのある天変となっている。虹は太陽の周りを取り巻く気のひとつである。

虹には、陽気をあらわす「虹」と陰気をあらわす「蜺《けい》」の区別があり、白は五行の金気をあらわしていた。白虹貫日は、五行の金気をあらわす虹（雑気）が太陽を貫いているようにみえる状態をいう。『乙巳占《いつしせん》』はいう。「白虹日を貫く。虹蜺《こうげい》が連結して展《の》びて日を貫く。並びに、后族ことごとく天子を退け、外に戦いあり、もしくは兵威、内を奪う」。戦争やクーデターによって国王が退けられることを象徴する天変と伝える。荊軻が秦に赴くときにこの天変があらわれたことは、荊軻の暗殺計画が引き金となって燕王が退けられることになると、伝えていたのである。

ところで、四大将軍九条頼経は、この天変が表れたことにより、不徳の将軍として職を退いた。ただ「白虹貫日」の天変があらわれたとしても、通常は「慎」の儀礼をとればよいだけのことで、わざわざ退位する必要はない。九条頼経がこの天変で、なぜ将軍職を退いたのかは考えなくてはならないことであろう。

将軍職を退くことは清浄な世界から俗世に戻ることを意味する。寛元二年九月になると、鎌倉では前将軍九条頼経上洛の沙汰が議論されるようになった。執権北条経時は頼経に上洛を迫ったが、頼経は理由をつけてこれを引き延ばし、将軍家の父「大殿《おおいとの》」として幕府儀礼の中枢に位置し続けた。頼経は将軍職を退いたことによって、得宗家に代わる新たな政治勢力を形成する核として成長を始めていたのである。

九条頼経が将軍職を退いた後、鎌倉幕府は表面的には平穏を保っていたが、確実に分裂の方向に向かっていた。頼経が将軍職を退いた後、頼経と頼嗣を併記した記事をみてみよう。

『吾妻鏡』寛元三年二月七日条

天晴れ、大殿ならびに将軍家が、鶴岡八幡宮に御参なされた。皆、御車であった。今日、変異御祈などが行われた。大殿御前の祈禱は、属星祭を安倍晴茂《はるもち》が勤めた。将軍家の御祈禱は三万六千神祭、安倍晴賢《はるかた》が勤めた。

大殿頼経と将軍頼嗣が揃って鶴岡八幡宮に参宮した記事であるが、大殿を将軍家の上位に記することに、問題を読む手がかりがある。

摂家将軍の時代になって、鎌倉幕府は禁忌に包まれた神聖な将軍を頂点に秩序が形成されはじめた。執権泰時は、世俗から離れた将軍家に代わって俗事（政務）を主導する立場に就いた。ところが、将軍職を退いた大殿頼経は、将軍の父親として振る舞いはじめた。将軍職を退いた九条頼経には禁忌による制限がなく、権力者の顔をみせはじめた。天皇に対する院と同じ権力構造が、鎌倉で形成されはじめたのである。

時頼の戒厳令

寛元四年（一二四六）閏四月一日、四代執権経時が二三歳で卒去した。五月二四日、弟の時頼は鎌倉に軍勢を集め、辻々に兵を配置して制圧した。

この時代、北条氏は鎌倉七口といわれた入口のうち、極楽寺口、大仏口、化粧《けわい》坂口、巨福呂《こぶくろ》坂、峠坂（朝比奈切通）、名越坂口の六口を一族で抑えていた。北条氏以外の家が確保していたのは、三浦氏の小坪《こつぼ》口のみであった。そのため時頼は、渋谷一族を小坪口への道がのびる下馬橋《げばばし》に派遣して特に警備を厳重にした。三浦泰村の弟光村が九条頼経の側近だったため、三浦の軍勢が鎌倉に突入する可能性があったのである。

この日、時頼は、「御所に参るにおいては、これを許さず。北条殿御方に参らしむるは、抑留に及ぶべからず」と厳命した。評定衆狩野為佐《かのうためすけ》をはじめ、御所に行こうとした人々は各所でもみ合いとなったが、大殿御所にたどり着くことのできた者はいなかった。

時頼が布いた戒厳令によって、九条頼経は御所で孤立し、最大の支持勢力とみられた名越氏もまた、名越館で身動きがとれないでいた。

五月二五日、九条頼経は側近の藤原定員を時頼のもとに派遣したが、面会もかなわずに追い返された。御所に出仕していた名越光時は、家人から不穏な情勢を聞いて退出したものの館に戻ることができず、出家を遂げて時頼に降参した。館にいた名越時幸は、事破れたことを悟り、自害を遂げた。『吾妻鏡』はこのことを伏して病没と記したが、葉室定嗣《はむろさだつぐ》の日記『葉黄記《ようこうき》』をはじめ、同時代の公家の日記は自害と伝えている。

五月二六日、時頼は政村・実時・安達義景を館に集め、政変の落としどころを探った。三浦氏の去就が、まったく読めなかったためである。六月六日、三浦家村《いえむら》が時頼の被官諏訪蓮仏《すわれんぶつ》のもとを訪れ、三浦泰村の意向を伝えた。三浦氏が動かないことを確認した後、時頼は六月七日に後藤基綱・狩野為佐・上総権介秀胤《ひでたね》・三善康持《やすもち》の解任を行った。大殿支持勢力の中核は解体され、九条頼経は七月一一日に京都に送還された。この上洛には、頼経の叔父御室戸僧正《みむろとそうじょう》道慶をはじめとした九条家の人々も同行した。

一方、京都では九条道家が経時を呪い殺したという風聞が流れていた。道家は幾度となく起請文をつくって身の潔白を証明しようとしたが、鎌倉の圧力の前に権力の座を追われることになった。九条家の人々が政界の中枢から一掃されたことにより、鎌倉には孤独な将軍頼嗣が一人残ることになった。

2　安達景盛の賭け——宝治合戦の本質とは

得宗専制と外戚

宮騒動の後に始まる北条氏本家主導の政治を、得宗専制と呼んでいる。この政治は、北条氏本家が実際に政治を主導した時代を前期専制、得宗による意思決定が政治のシステムとして運営された時代を後期専制、得宗専制のシステムを踏襲して内管領長崎高資《うちかんれいながさきたかすけ》が専権を振るった最末期の体制を御内《みうち》専制と呼んでいる。はじめに、得宗専制が生まれていく過程をみていこう。

宮騒動のさなか、時頼は新体制の準備を着々と進めていた。五月二六日、時頼の山内館に政村・実

時頼を中心とした北条家

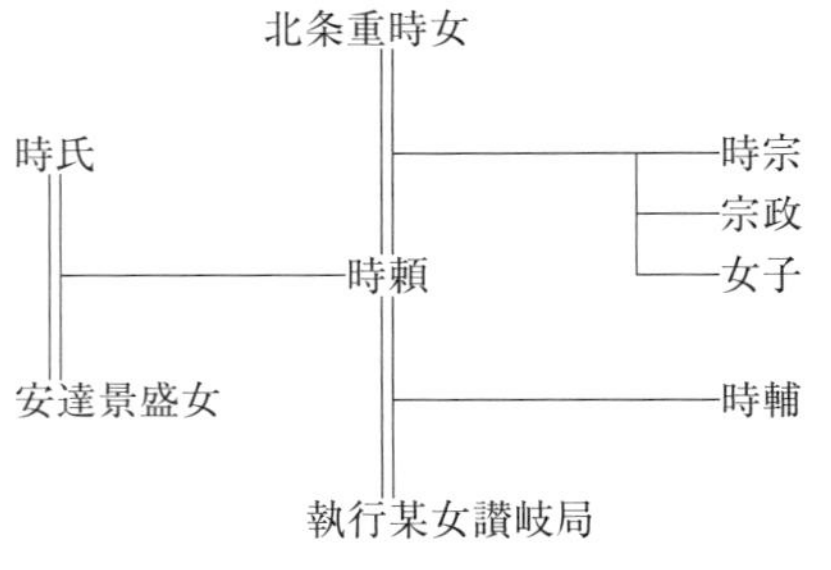

時・安達義景を集め、深秘《しんぴ》の沙汰《さた》を行った。得宗家の合議機関「寄合《よりあい》」がはじめて開かれたことを伝える記事である。

六月一〇日、時頼は宮騒動の後始末を議論するため、寄合を招集した。この日、前回のメンバーに三浦泰村・諏訪盛重・尾藤景氏が加えられた。得宗家の合議機関寄合は、外戚の安達氏、得宗被官の重臣、北条氏一門の宿老、評定衆や専門技術によって仕えた幕府高官のなかから選抜された。このメンバーに加わった三浦泰村は、泰時の姻戚ではあっても、時頼の外戚ではない。彼の立場は前政権を支えた宿老であり、時頼政権のなかでどのように位置づけられるかが重要な課題となっていた。

通常、外戚の交替は、円満にその地位をおりるか、政変などによって追い出されるかのいずれかである。時頼としては、祖母の実家であり、相模の大豪族であり、草創以来の重臣でもある三浦氏の円満な引退を望んでいた。しかし、泰村は、交替の時期が来ていたことと、時頼が円満な解決を望んでいたことに気づかず、父義村の引いた路線をひた走ろうとしていた。ここに宝治合戦の主因がある。

三浦氏はなぜ孤立したのか

寛元四年（一二四六）八月一二日、九条頼経を京都に送還した北条時定が、帰参の報告をした。その席で、三浦光村が九条頼経の御前で涙ながらに「今一度鎌倉にお迎えいたします」と語ったことが伝えられた。光村は将軍御所に二〇年近く仕えた近習の一人で、三浦一族にふさわしく武芸に秀でるとともに、藤原孝時から琵琶の伝授を受けた管弦《かんげん》の名手であった。光村は、鎌倉に残っていた大殿支持者をまとめる存在として危険視されていったのである。

八月一六日に行われた鶴岡放生会《ほうじようえ》流鏑馬では、予定されていた射手が急病で辞退したため、急遽その代役を三浦家村が勤めた。家村は泰村が所持していた射手装束と鏑矢《かぶらや》を借り、厩舎にいた名馬「深山路」に乗って射手を勤めた。時頼政権になっても、三浦氏が鎌倉で重きをなしていたことを伝えるエピソードである。

九月一日、時頼は三浦泰村に対して、六波羅探題として京都に留まる重時を鎌倉に戻すことの諒解をとろうとした。しかし、泰村はこれを承諾しなかった。時頼の周囲には、名越流の北条時章、常葉流の北条政村、金沢《かねさわ》流の北条実時、時房流の大仏朝直といった一門の重臣や外戚の安達氏が並び、得宗家のなかからは諏訪氏や尾藤氏といった有力被官が成長していた。ここに重時を戻すことは、泰村が時頼の周りを綺羅星のごとく囲む群臣の一人に埋没することを意味する。この時、泰村は重大な選択をしたといえる。時頼とその側近が泰村を目障りと考えた最大の理由は、三浦氏が泰時の外戚として保持していた特権的地位を手放さなかったためである。温厚な重時が時頼のブレーンとして鎌倉に

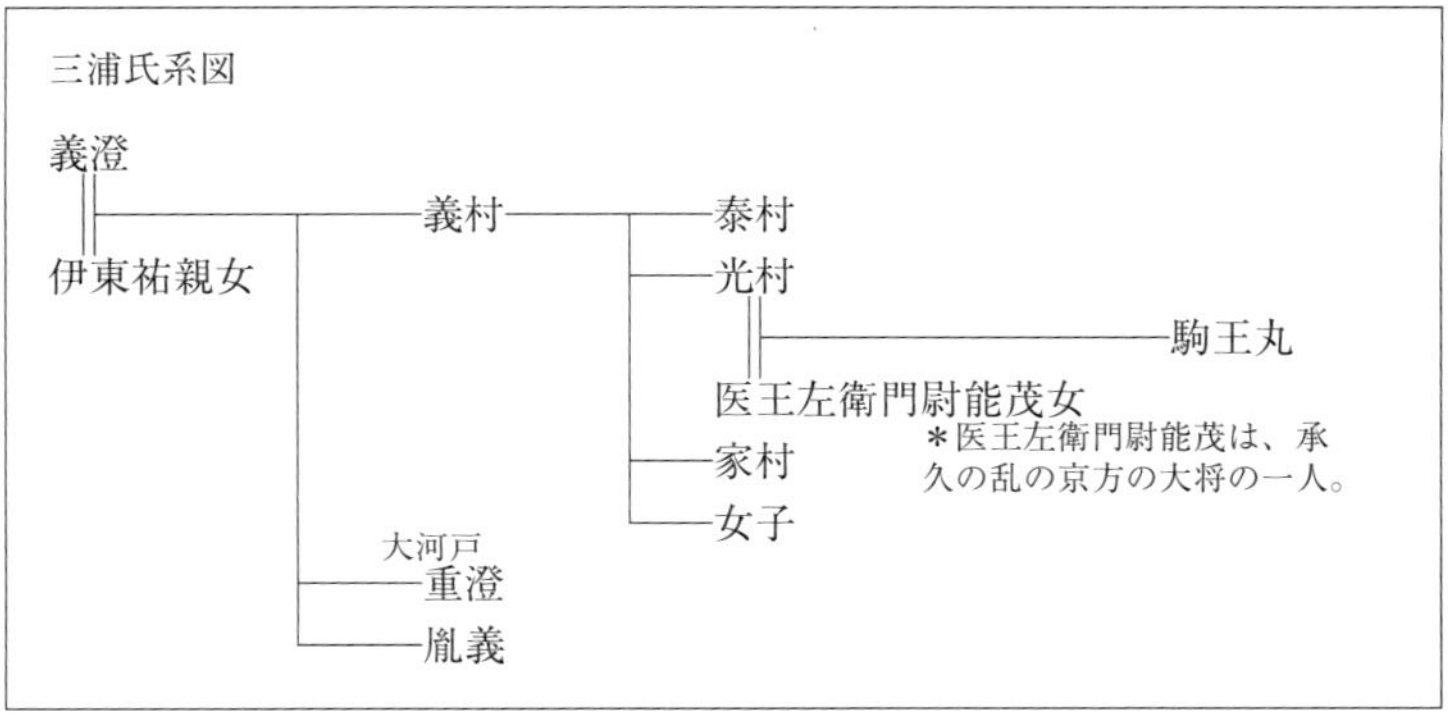

戻れば、泰村の特権的地位を穏便に消滅させていく筋道がたてられたであろう。しかし、泰村は重時の鎌倉下向を阻んだことにより、結果として過激な安達景盛を鎌倉に招き寄せてしまった。

宝治元年（一二四七）正月一日、鎌倉幕府は恒例の正月行事垸飯《おうばん》を行った。この日の沙汰人は時頼、御剣役は政村、御調度役は三浦光村、御行縢《むかばき》役は三浦重澄であった。三元日にわたって行われる垸飯は、将軍家をはじめとした鎌倉幕府の主立った人々が参列する宴会である。この宴席の席次には、鎌倉幕府内の序列がそのまま投影されていた。この席では、饗応を受ける将軍家が鎌倉幕府のトップであり、行事の運営をする沙汰人を北条家の家長が勤めた。以下の諸役は、北条家やその外戚を勤める鎌倉の要人が名を連ねた。宝治元年元日の垸飯は、北条家に次ぐ権門が相変わらず三浦家であることを示していた。京都の公家や官人は、同格にある家が儀式の場で席次を争う「座次相論」を繰り返した。鎌倉でも、御家人は鶴岡放生会などの行列でしばしば並ぶ位置を争って、将軍家に訴えを起こした。中世の人々は、今日の人には想像もできないくらいに儀式や行列によって示された序列にこだわった。時頼の外戚安達氏は、本来であれば得宗家に次ぐ序列が与えられるべきである。しかし、泰村は泰時の外戚として保持した特権的地位を、安達氏に譲らなかった。安達氏が三浦氏を憎んで驕慢と非難した理由が、ここにある。

安達氏がかけてくる圧力に、泰村は次第にいらだちを募らせていった。三月三日に行われた闘鶏会では、泰村は些細なことから喧嘩したという。泰村から悠然としているゆとりが消えたのである。

新たな戦乱の予徴

宝治元年（一二四七）になると、鎌倉に不穏な噂が流れはじめた。三月一一日、由比ケ浜に赤潮が発生した。『吾妻鏡』には、次のような報告が載せられている。

三月十一日、甲子、由比浜の潮、色を変ず。赤きこと血のごとし。諸人、群集してこれをみる。

現代であれば、赤潮は都市公害である。生活用水が海岸付近の海水を富栄養化し、プランクトンを異常繁殖させるのである。しかし、近代以前の東アジア文化圏では、水が赤くなる変異を、流血の予徴と理解した。宮殿の水が赤くなれば皇帝の崩御を意味し、城塞の水が赤くなれば攻城戦を意味した。鎌倉の海にあらわれた赤潮は合戦の予徴と理解され、多くの人がその変異をみるために由比ヶ浜に足を運んだのである。

翌一二日、長五丈におよぶ大きな流星が北西から南東に流れたと報告された。流星は天が地上を治める王に遣わす使者を象徴し、流星の大きさは天が示す譴責《けんせき》の深刻さを表すと理解された。鎌倉で観測された流星の尾の長さは、その予告された災いの深刻さを示していた。

一一日と一二日に示された災異は、鎌倉に大きな合戦が起こることを示す予徴であった。このような暗示にかかった状況で、三月一六日には鎌倉に不穏な噂が流れ、近国の御家人が駆けつけてきた。しかし、風聞は誤報とわかり、軍勢は解散した。

三月一七日には、黄蝶《きちょう》の群れが鎌倉の街を群れ飛んだと伝える。この現象は、平将門の乱が起きたときに常陸国や下野国から同じ報告が送られたこと、奥州一二年合戦のときにも陸奥・出羽両国から同様の報告が送られたという先例により、合戦の予徴と理解された。

これらの予徴は、北条氏と三浦氏の対立が深まっていくなかで、鎌倉にいた武士を異常心理に落とし込んでいくのに十分な効果があった。

後鳥羽院の御霊

鎌倉の街が異常な心理状態に陥っているとき、火に油を注ぐような人物が高野山から戻ってきた。安達景盛である。四月一一日、景盛は一族を引き連れて時頼邸に参上し、時頼の面前で三浦泰村の驕りを抑えることのできない嫡子義景《よしかげ》を諫め、嫡孫泰盛《やすもり》に対しては厳しい叱責を加えた。景盛は、時頼の外戚として正当な待遇を受けられないことに対する憤り、三浦氏の下風に甘んじる子孫の不甲斐なさに対する憤りなどさまざまな思いが入り乱れ、居ても立ってもいられなくなって鎌倉に駆けつけてきたのである。景盛のなかに鬱積していた憤りは、三浦氏を眼前にして一気に噴出したといえる。

四月二五日には、日暈《にちうん》があらわれた。日暈は軍営の気、これまた合戦の象徴であった。この日、鎌倉幕府は鶴岡八幡宮の山麓に後鳥羽上皇の御霊を祀る御霊社を建立し、重尊《ちようそん》を別当に補任した。鎌倉にあらわれたさまざまな怪異は、配流の地隠岐でうらみを残して亡くなった後鳥羽院の怨霊が引き起こしたものとされたのである。怪異の原因がわかり、怨霊を鎮めることができれば、鎌倉を覆う一触即発の気配は消滅するはずであった。

五月六日、時頼は三浦泰村の二男駒石丸を養子に迎えた。五月一三日には、将軍九条頼嗣の御台所となっていた時頼の妹が病没した。時頼は、服喪のために三浦泰村邸に滞在することになった。

通説的な理解では、時頼が宝治合戦を主導したかのように言われてきたが、『吾妻鏡』を中心に事件をみていくと、時頼はむしろ合戦を回避しようとしていることがわかる。この段階でも、さまざまな怪異が後鳥羽院の怨霊のなせる業と判明した以上、時頼は三浦泰村との関係修復を急いでいる。泰村も緊迫した状況のなか、合戦の回避を考えていた。しかし、時頼が差しのべた和解の手は、三浦氏の側にいた強硬派三浦光村によってはねのけられてしまった。

安達景盛は何をしたのか

五月二一日、鶴岡八幡宮の社頭に「三浦泰村は、将軍家の命に背いて勝手なことを繰り返しているので、近いうちに討伐されるだろう」という趣旨の高札がたてられた。後鳥羽院の怨霊が鎌倉を騒がせていたということで落ち着きかけていたところに、怪異は三浦泰村に対する譴責であると主張する高札が立てられたのである。『吾妻鏡』は誰がたてたとも記していないが、このまま落着されては困る人々がやったと推測すれば、安達氏の関係者ということになろうか。

五月二七日、服喪のために三浦泰村邸に逗留していた時頼は、館内で合戦の準備が進められているかのような音を聞き、慌てて本宅に帰った。この翌日、時頼が調査を行ったところ、三浦光村が安房や上総の所領から武具をとりそろえているとの報告がもたらされた。

六月一日になると、時頼は佐々木氏信を三浦泰村邸に派遣した。泰村との和談を探るとともに、報告の通り館内に武具が調えられているかどうか確かめるためであった。泰村は羨望や讒訴によってあらぬ噂を流されていることに迷惑していると答えたが、佐々木氏信は館内に武具が揃えられていることを確認して帰参した。

そして、運命の六月五日が訪れた。この朝、時頼は腹心の部下平盛綱を泰村のもとに遣わし、和平の儀を成立させた。時頼は、三浦氏と戦うことを明らかに躊躇していた。この和談の後、泰村は湯漬けを食して嘔吐したという。有名な話であるが、合戦におびえていたというよりも、最後まで合戦の回避を考え、過度の緊張状態に置かれていたのである。泰村は、承久の乱で武勇を示し、また流鏑馬や的始など儀礼の場において弓馬の芸を優美に演じてみせた。武者としては一流であるが、武将としての才能には恵まれていなかったのであろう。

平盛綱が和平の使者として泰村邸に赴いたことを知った安達景盛は、泰盛・大曽根長泰《おおそねながやす》・武藤景頼《むとうかげより》・橘公義《たちばなきみよし》などの軍勢を甘縄館から筋違橋の北側に進め、泰村の館を攻撃した。泰盛は、平盛綱が和議をまとめて帰参しようとしているときに、攻撃を始めたのである。盛綱は、戦端が開かれたことを確認して帰参した。盛綱の報告は、「三浦一族が合戦の準備を行っていたことは、疑いがない。時頼公の仰せによって和平の儀をめぐらしたが、安達泰盛が攻撃を始めたので、三浦泰村を宥《なだ》める言葉がなくなり、帰参いたしました」というものであった。景盛は、時頼を引きずり込むことに成功した。時頼は、最後まで泰村を穏やかに引退させようと努力したが、その努力は水泡に帰したのである。

寛元四年（一二四六）九月に泰村が重時の鎌倉下向を拒んだことが、安達景盛を鎌倉に呼び込む結果を招いた。景盛は、三浦氏の存亡を賭けた場面で最もきつい手を打ったのである。

戦いの様相

宝治合戦の特長は、北条氏と鎌倉の有力御家人が互角に戦う条件をもった最後の合戦となったことである。得宗家と三浦氏は緊張関係にあったことから、それぞれに合戦に対する備えはしていたであろう。しかし、鎌倉の市街に軍勢を進めていたわけではなく、即座に合戦を始められるわけでもなかった。

合戦が始まると、御家人は続々と両方の陣営に駆けつけてきた。七口といわれた鎌倉の入口のうち、北条氏は小坪口を除く六口を抑えていた。北条氏と敵対する御家人は北条氏の館や領地を通らなければ抜けることができず、数十騎の手勢を率いることのできる中堅層の御家人では押し通ることは不可能に近かった。一方、三浦氏は相模国を代表する水軍であり、小坪には大多和《おおたわ》氏の館があった。三浦氏に味方する御家人は、海路や小坪口から鎌倉に駆けつけることが可能であった。

時頼は、実時に将軍御所の守護を命じ、弟の時定を大将軍に命じて三浦泰村討伐を命じた。一方、泰村は館を動かなかった。泰村館には鎌倉にいた三浦氏の一族・縁者や、大殿を慕う御家人が駆けつけ、三浦半島からも一族の人々が続々と駆けつけてきた。三浦光村は八十騎の軍勢を率いて永福寺に籠り、東から鎌倉と得宗家の本拠地山内庄を結ぶ道を分断した。

三浦泰村館への攻撃は明け方に始められたが、昼になっても攻めあぐんでいた。そこで、泰村館を火攻めするため、近隣の館に火を放った。光村は泰村に使者を遣わし、永福寺が要害の地であるからと合流を勧めた。しかし、泰村は右大将家法華堂を最期の地に選び、そこに移動した。

誰に味方するのか——佐原盛時と毛利季光の選択

中世前期の家族は、夫婦とその子供を中心とした核家族に近い形態をとった。平安時代後期から鎌倉時代前期までの気候は温暖で、関東から東北は米作りに適した気候となり、大規模な開発が進められたためである。この時代、武士の家族は本家の当主が惣領となって一族をまとめた。有力豪族は、本家が大きな力で一族をまとめるよりも、兄弟を次々と分家として独立させ、その地を開発させる方針をとった。

この時代の家族は、家長を中心に直系の子孫や同母兄弟といった共同で祖先を祀る集団が目安となった。家長の妻は共同経営者として家の経営に参加し、母親は子供に対して親権を行使する強い存在であった。夫が亡くなった後は、子供の後見人として家長権を掌握することもできた。一方、嫡流からすこし離れた立場になると、一族の惣領よりも、母方の親族とのつながりのほうが強くなった。三浦泰村の場合をみると、正室の子を中核とした子供や同母兄弟は忠実に動く一族とみなすことはできても、和田や佐原《さはら》といった従兄弟になると、惣領の影響力が及ぶかどうかは疑問であった。惣領との関係は、それぞれの家が独自の判断で選ぶことのできる選択肢のひとつにすぎなかった。

宝治合戦では、佐原盛連《もりつら》の子光盛《みつもり》・盛時《もりとき》・時連《ときつら》の三兄弟は時頼の側についた。一般にいわれる三浦一族の感覚からすれば、佐原氏は三浦本家につくべきである。しかし、三人の母である三浦義村の娘矢部禅尼は、泰時に嫁いで時氏を生んだ後、佐原盛連に嫁いで三兄弟の母となった。光盛・盛時・時連は、両方の家に対して縁者といえる関係をもっていたのである。六月二日、この三兄弟は母の指示にしたがって北条時頼の館に着到した。

三浦氏滅亡後、佐原光盛は佐原家の家長としての地位を変えず、弟の盛時が三浦介に補任されて三浦家惣領となった。末弟の時連は、横須賀氏を起こした。盛時の継承した三浦氏は、永正一三年（一五一六）まで続いた。鎌倉幕府草創期に活躍した三浦氏と区別するため、「後三浦氏」と呼ばれることもある。

一方、毛利《もうり》蔵人大夫入道西阿《せいあ》（季光《すえみつ》）は、三浦泰村の妹を妻に迎えていた。合戦が始まると、西阿は将軍御所に参候しようとした。西阿は大江広元の孫。軍勢を率いて戦うつもりはなく、将軍家の側にいることが己の役割とわかっていた。しかし、出陣にあたって西阿の妻は次のように語ったと記される。「若州（三浦泰村）を損ない、左親衛（北条時頼）御方に参ることは、武士の致すところか。はなはだ、年来の一諾と違うものか、けだし、後聞を恥ずべきか」。西阿は、この言葉を聞いて三浦泰村邸に赴いた。泰村の娘婿関政泰《せきまさやす》は、常陸国の領地に帰る途中で合戦の報を聞き、引き返して泰村の陣に加わったという。一族という枠のなかで行動を選ぶのではなく、親子や夫婦といった人間関係のなかで使うべき縁を選び、行動していたことは忘れてはならないだろう。

最後の有力御家人三浦氏の滅亡

三浦泰村は館を焼討ちされた後、右大将家法華堂に移った。永福寺で奮戦していた三浦光村は要害の地であるからと合流を勧めたが、泰村は右大将家墳墓の地を最期の地とするといってうなずかなかった。しかたなく、光村は八十騎の手勢を率い、敵陣を押し通りながら右大将家法華堂に移動した。人々の集まった法華堂では、往時を懐かしむ話がしばしかわされた後、それぞれが思い思いの作法で自害を遂げたと伝える。『吾妻鏡』は、三浦泰村とともに自害した人を五百余人、そのなかには将軍御所に出仕する資格をもつ番衆が二百六十人含まれていたと伝える。宝治合戦は三浦方に戦意のみられない状態で始められ、およそ合戦らしい展開のないまま終わりを告げたのである。

宝治合戦は、北条氏対三浦氏という二項対立の形式が最も流布しているが、そのような単純な構図ではとても理解できない。泰村のもとに、三浦氏の一族や縁者、守護を勤めた相模国の御家人が集まるのは当然のことである。しかし、それだけで、二百六十人もの小侍所簡衆《ふだしゅう》が集まるとはとても考えがたい。大殿頼経・将軍頼嗣に仕えた御家人が相当数、泰村のもとに集まったと考えてよいであろう。大殿頼経を京都に送り返した宮騒動はトカゲの尻尾切りに終わり、大殿支持勢力は宝治合戦で始めて一掃されたのである。宝治合戦が三浦泰村の乱ですまない理由がそこにある。

また、頼朝挙兵以来精強で聞こえた三浦武士団が、宝治合戦では永福寺に籠った光村の活躍以外に、これといった動きをみせていない。泰村が優柔不断な性格で、儀式の場における弓矢は上手でも、軍勢を指揮することができなかったといえば、それまでである。しかし、いよいよ戦端が開かれたと聞いて三浦邸に駆けつけてきた人々が、三浦家で統制をとることのできる人々でなかったとしたらどうであろうか。泰村がもつ権威は、評定衆や相模守護といったもので、頼朝や泰時のように二十万もの軍勢の上に乗っかることのできる権威ではない。泰村邸に集まってきた人々は、大殿頼経を慕う人々であり、泰村が顎で使い、死地に赴かせることのできる人々ばかりではなかったであろう。その結果、精強として知られた三浦家の手勢も烏合の衆のなかに呑み込まれ、十分な展開ができなくなったのである。

三浦氏は、北条家の外戚が勤める地位を安達氏に譲らなかったばかりに憎しみを買い、大殿支持勢力の残党から領袖にまつりあげられたことによって、滅亡の道を歩んでしまったのである。その分かれ道は、時頼が側近として手元に置きたい重時の鎌倉下向を拒んだあの日であった。

終章　『吾妻鏡』最後の事件
——宗尊親王送還

1　将軍家の変質

事件ともならない事件

『吾妻鏡』に記された最後の事件は、文永三年（一二六六）七月に起きた六代将軍宗尊《むねたか》親王の京都送還という事件であった。宗尊親王にいたる五代の将軍のうち、将軍職を全うできたのは、鎌倉幕府を創った頼朝のみであった。二代将軍頼家・四代将軍九条頼経・五代将軍九条頼嗣は政変によって鎌倉を逐われ、三代将軍実朝は暗殺の刃に倒れた。将軍職は、安穏として勤められる職ではなかった。

宗尊親王の京都送還は、事件ともならない事件として処理されたところに最大の特長がある。執権北条政村が宗尊親王を京都に送り返そうとしたとき、不穏な動きをみせたのは名越教時《のりとき》のみであった。鎌倉の政治史には、比企一族・三浦胤義・三浦光村のように将軍家のために命がけで働く人々が登場してきた。しかし、宗尊親王のときにはそのような人がいなくなっていた。『吾妻鏡』に記録された最後の事件で、将軍家がどのような存在として記述されているのかを最後にみていくことにしよう。

摂家将軍の廃立

宮騒動によって将軍家が政治権力として成長する可能性を否定された後、五大将軍頼嗣は、鎌倉で孤立した存在となっていた。鎌倉には九条家が派遣した諸大夫が残っていたが、鎌倉幕府に仕える学者や吏僚として己の分を守り、政治に関わろうとはしなかった。頼嗣の侍読は中原師連《なかはらもろつら》や清原教隆《きよはらのりたか》が勤めたが、師連は評定衆として政務に励み、評定衆摂津氏の基盤を固めていった。教隆は賢者として名を成すことを望み、実時に家学を授けることにエネルギーを注いだ。また、藤原親実の子藤原親定は鎌倉幕府の諸大夫として儀礼に参列するとともに、厳島神社の社家として安芸国に根を張っていこうとしていた。彼らは重代の主として頼嗣に親しく仕えはしても、頼嗣を担いで政治勢力を形成しようとまではしなかった。公家社会のなかで官人として生き抜いてきた知恵が、官僚としての分を守り、政治に深く関わるなと教えていたのである。

建長三年（一二五一）一二月二六日、謀反の咎で下総国香取郡の御家人矢作左衛門尉《やはぎさえもんのじょう》と能登国御家人長谷部久連《はせべひさつら》が捕らえられた。翌四年正月二七日、由比ヶ浜から和賀江にかけて赤潮が発生した。二月一日には、日触が報告されている。三月一二日、時頼邸で関東安全の祈禱が行われた。本来、神仏と交感する神聖な存在は将軍家であるが、表に出せない謀反の張本が将軍家であることから、執権時頼を守護する祈禱に変えられたのである。三月二〇日、二階堂行方と武藤景頼が、九条頼嗣の将軍職辞退と宗尊親王の鎌倉下向を求める使者として上洛した。

五大将軍頼嗣の廃位は、これだけのことで終わった。宮騒動で大殿頼経が敗れた後、将軍家と御家人との関係はきわめて希薄なものになっていたのである。

三月二八日、赤潮の発生が再び報告された。北条実時の側近として名を知られはじめた明経道（儒学）の学者清原教隆は、赤潮は中国にも数多くの例があり、鎌倉では建保以後たびたび発生するようになったと報告した。

つくられた吉徴

建長四年（一二五二）四月に、宗尊親王が鎌倉に下向した。この事にあわせて、『吾妻鏡』は次のような天変が記されている。

『吾妻鏡』建長四年四月七日条

七月庚申《かのえさる》、天晴れ。陰陽道が、勘文を奏上した。近日、歳星《さいせい》が光色を増している。色は潤沢で、輝きを増している。吉瑞にあたるので、勘申した。和泉前司二階堂行方は（勘文を）御所に持参し、上覧に備えた。

天文学でいうと、木星（歳星）が地球に接近して明るさを増したことを示す記事である。これを天文占にかけると、次のような解釈が引き出される。日本語訳すると味わいがなくなるので、原文の読み下しにしよう。

「晋書天文志」

また云《いわ》く、人主の象なり。色明らかにして光色潤沢ならば、徳合同す。

『春秋元命包《しゅんじゅうげんめいほう》』（『重修緯書集成　春秋上』所収）

歳星明大ならば、人主徳あり。百福駢《なら》び臻《あつ》まらん。君臣同慶し、人民富庶す。

歳星は皇帝を象徴する星、歳星が明るく輝くときは、皇帝の徳が明らかになり、国は富み栄えるという占文である。宗尊親王の鎌倉下向にあわせて歳星の輝きが増したことは、宗尊親王の御代に鎌倉がますます繁栄することを予祝した吉徴となる。ところが、斉藤国治がこのときの木星の位置を計算したところ、木星（マイナス一・七等星）は輝きを増す条件を整えていなかったという。とすると、この陰陽師の上申は、宗尊親王の鎌倉下向を言祝《ことほ》ぐために意図的に作り出された吉瑞ということになる。天文占が政治と密接に結びついていたことを示す一例である。

宗尊親王を囲む人々

宗尊親王は、後嵯峨天皇と木工頭《もくのかみ》平棟基《むねもと》の娘棟子《むねこ》を父母とする。寛元二年（一二四四）正月二八日の立親王で、家司《けいし》が補任された。宝治元年（一二四七）正月に式乾門院《しきけんもんいん》の猶子となり、翌二年には室町院に移って親子の契りを結び、室町院領の継承者となった。同年一二月二五日の読書始では、藤原経範《つねのり》や菅原淳高《あつたか》が侍読を勤めた。和歌の師には、藤原光俊《みつとし》（法名真観《しんかん》）がついていた。光俊は、宗尊親王東下にしたがうことになる。

宗尊親王の東下には、土御門《つちみかど》宰相中将顕方《あきかた》が同行した。後嵯峨院の母は、村上源氏源通宗《みちむね》の娘、源氏長者は土御門定通《さだみち》が勤めていた。宗尊親王の後見人として鎌倉に下った土御門顕方は、定通の弟にあたる。また、定通の姉妹西御方や顕方の娘美濃局など、村上源氏は多くの女房を鎌倉に同行させている。宗尊親王の周囲は、村上源氏によって固められたのである。

宗尊親王の侍読として鎌倉に派遣されたのが、後嵯峨院の侍読藤原経範の子茂範《もちのり》である。宝治二年の宗尊親王の読書始では、茂範は父にしたがって地下《じげ》の文人として参列していた。宗尊親王が東下することになり、後嵯峨院は経範に兼務させているわけにもいかなくなり、経範の子茂範を鎌倉に派遣することにした。

このように、宗尊親王の側近は、父の後嵯峨院を後見する村上源氏から選んで派遣していた。彼らは、将軍御所にあって日常的な活動と儀式を執り行うことが仕事であり、政治畑に顔を出してくることはなかった。

2　宗尊親王と鎌倉

宗尊親王と和歌

宗尊親王の時代になると、政治の意思決定は執権である時頼に委任され、将軍は鎌倉幕府の神事や儀礼の主催者としての役割を勤めるようになった。京都から派遣された家司もまた神事や儀式の役を分担したものの、摂家将軍の時代のように評定衆に名を連ねたり、政所別当に就任することはなくなった。

将軍家がこのように変化していくなかで、将軍御所に出仕することを許された人々は、将軍家と親しく接する機会をもつことができた。鎌倉武士としても、日頃から弓馬の道に勤《いそ》しみ、鎌倉殿の危機に駆けつける「いざ鎌倉」よりも、一芸を磨いて将軍御所への出仕を許されるほうが大切になってきたのである。そのなかで、将軍家と接する機会が最も多かったのが、感性の部分で交流をもつ機会に恵まれた歌人であった。

『吾妻鏡』弘長元年三月二五日条

廿五日、丁亥《ひのとい》、霽《はれ》。将軍御所に出仕した近習番の人々のなかから和歌の上手な者を選んで、交代の結番《けちばん》を編成した。おのおのが当番の日には、五首の和歌を将軍家に奉ることが定められた。冷泉侍従藤原隆茂《たかもち》。持明院少将藤原基盛《もともり》。越前前司北条時広《ときひろ》。遠江次郎北条時通《ときみち》。壱岐前司後藤基政《もとまさ》。掃部助惟宗範元《これむねのりもと》。鎌田次郎左衛門尉行俊《ゆきとし》らがその衆に選ばれた。

関東祇候廷臣《かんとうしこうのていしん》と呼ばれた殿上人、陰陽師として活躍した惟宗文元《ふみもと》、『東選和歌六帖《とうせんわかりくじょう》』を編んだ後藤基政や私家集『時広集』を残した大仏時広といった武家歌人が選ばれている。宗尊親王自身も数多の和歌を詠み、『瓊玉和歌集《けいぎょく》』『柳葉和歌集』『竹風和歌集』『中書王御詠《ちゅうしょおうぎょえい》』といった歌集を伝えている。

宗尊親王が鎌倉にいたときに詠んだものとわかる、「弘長元年五月百首」「弘長元年九月百首」「弘長二年院より人々に召されし百首」「弘長二年十一月百首」「弘長二年十二月百首」「弘長二年冬百首」「弘長三年六月二四日百首」「弘長三年八月百首」「文永元年六月一七日百首」「文永元年十月百首」「文永二年閏四月三百六十首」といった作品群そのものは残っていないが、上記の私家集に抄出されている。『吾妻鏡』にも、建長五年（一二五三）以後、和歌御会の記事が多くみえ、「将軍家五百首御詠歌を前右兵衛督二条教定卿に託した。合点《がってん》（講評）をもらうため、入道民部卿（藤原為家）のもとに送るためである。惟宗範元が（親王の自筆本を）清書した」（弘長三年七月二三日条）、「将軍家御歌、建長五年より正嘉元年にいたる分を修撰され、これを『初心愚草』と名付けた」（同二七日）などの記事をみることができる。宗尊親王は鎌倉の長として禁忌に包まれた暮らしをしていた。和歌を詠むことは、自分が自分であることを確認する重要な作業だったのであろう。

『瓊玉和歌集』には、次のような歌が収められている。

　　たてまつらせ給ひし百首に、月を

あづまにて　十年の秋は　ながめきぬ　いつか都の　月をみるべき

「弘長二年院より人々に召されし百首」のひとつで、秋月を詠んだものである。詠人の心情を色濃く出してよい今日の短歌と異なり、和歌を与えられた設定のなかで技法をこらして詠むことを前提とする。後嵯峨院からの依頼に対し、宗尊親王は「鎌倉にあって十年になります。いつか都でともに月をみたいものです」と詠んで送った。親王は、和歌を通じて都の人々との交流を続けていたのである。

文永一〇年（一二七三）七月二九日、宗尊親王が薨去した。宗尊親王の病が篤いと伝えられた鎌倉では、見舞いの使者を上洛させた。安達長景《ながかげ》は宗尊親王の最期に間にあわなかったが、鎌倉に戻った後、歌人として知られた鶴岡供僧円勇《えんゆう》と次のような和歌のやりとりをした。詞書《ことばがき》のみ、現代語訳しよう。

「長景集」

文永十年八月のはじめ、中務卿親王の容態が悪化したとの知らせが鎌倉に届いたので、御見舞いの使者として都に上ってみると、七月二十九日に薨去なされたとのことであった。使者の勤めを果たせず、むなしく帰り下った後、円勇律師のもとに遣わした歌

おもひやれ　みやこの秋の　そでのつゆ
　　ことしはふかき　人のなみだに

　返歌

よそにきく　あづまもふかき　なみだにて
　　みやこの秋は　おもり（ひかカ）しりにき

宗尊親王が、将軍家として権力を振るうことはなかった。しかし、宗尊親王御所では成熟した文化が花開き、多くの人々が、文人として優れた宗尊親王を敬慕していた。政治権力とは離れたところで、

宗尊親王は御家人とのつながりをつくっていたのである。

将軍家の役割はどのように変わったのか

宗尊親王の時代、将軍家が鎌倉幕府のなかで勤めた役割を、鎌倉幕府最大の年中行事、鶴岡放生《ほうじょう》会《え》を例にみていこう。

鶴岡放生会の式日は、八月一五日・一六日の二日である。八月一五日の儀式は神事が中心で、将軍家は上宮に参拝した後、神楽《かぐら》を参観した。八月一六日は放生会最大のイベント、流鏑馬が行われた。将軍家は上宮に参宮した後、馬場に降りて流鏑馬を観覧した。これが、通常の放生会の形態である。

鶴岡放生会は、通常の形態で行われる「参宮」を基準にして、将軍家の状態によって「奉幣《ほうべい》御使」・「付宮寺《ぐうじにふす》」「延引《えんいん》」へと変化していった。鶴岡八幡宮が地震・火事・台風などの災害や合戦・穢《けが》れなどによって使えない場合を除けば、放生会の実施形態は将軍家の状態によって決められた。

将軍家が病気や穢れなどに犯されておらず、正常な状態にある場合、放生会は将軍家がいつもどおりに参詣する「参宮」の形態がとられた。しかし、将軍家が服喪の期間にある場合、あるいは将軍家が穢れに触れて慎まなければならない場合、将軍家の代理人として奉幣御使が派遣された。奉幣御使には執権・連署を勤めた鎌倉幕府の重鎮が選ばれ、将軍家の代理人として神事を執行した。将軍家が父母の喪に服する場合や、重い穢れ、災いの予徴が示されていた場合には、鶴岡放生会は神事のみとなり、その執行は八幡宮に委託された。これを「宮寺に付す」と表現した。さらに重い状態になると、鶴岡放生会は延期された。「延引」である。延引の理由には、合戦や災害によって鶴岡八幡宮が使用できなくなった場合、鶴岡八幡宮に穢れが発生した場合があった。放生会が通常の形態をとらない場合、主催者側に原因がある場合は、将軍家が正常の状態でないことが多くの理由となり、鶴岡八幡宮側の場合は、災害や穢れによって会場が使用できないことが理由としてあげられた。

鶴岡放生会に限らず、将軍家は鎌倉幕府の首長として重要な儀礼に出席するため、清らかな状態を保ち続けなければならない。

将軍家は鎌倉幕府をどのように導いていくかを考えるよりも、病気や怪我にならず、穢れに触れず、清浄を保ち続けることに気を遣い続けなければならなかった。中世の朝廷が鎮護国家の終局的な目的を天皇の健全性を保つこと、「玉体安穏《ぎょくたいあんのん》」に置いたのと同じように、鎌倉幕府の健全性もまた将軍家の健全性を保つことに置かれたのである。

武士と穢れ

『平家物語』のなかで、坂東武者は「親が討たれれば、子も討たれよ」といって戦い続けた気性の荒さが語られている。鎌倉に何かあったときはとるものもとりあえず駆けつける「いざ鎌倉」も、鎌倉時代中期になると、無用な騒動のもととして危険視されるようになった。風聞を聞きつけて鎌倉に群集し、旗を掲げて駆けまわったり、辻々にたむろしていた御家人こそ、御家人の忠義の代名詞として使われた「いざ鎌倉」の実態であった。このような荒々しい気風は、摂家将軍の時代になると次第に姿を消していった。

宗尊親王の時代は、源平合戦を戦った世代から数えると、三代目から四代目になる。彼らの世代になると、身内に葬儀があれば服仮《ふくか》（服喪のための休暇）を申請し、狩りに出かけて鹿食《ししくい》（肉食）をしたといっては物忌《ものいみ》のための休暇を申請し、身内にお産があったといっては産穢《さんえ》の休暇を申請した。服仮・鹿食・産穢は、御家人が鎌倉幕府の儀式参列を辞退する理由として、最も認められやすいものであった。

このような変化は、将軍が御家人とともに戦場を駆けめぐる武家の棟梁から、神仏との交感をするための祭祀王に変化したことから起こるものであった。このことは同時に、御家人が将軍家に対してつくす忠誠のスタイルにも変化を生じさせていた。将軍家と御家人の間にある御恩と奉公の関係は、基本的には変化していない。しかし、将軍と御家人がともに戦場を駆けめぐって武功をたてる時代が終わると、御家人は職務に忠実であることが忠誠の証となってきた。この変化に対応した形で成長した役所が、小侍所である。九条頼経の時代、小侍所の整備が進み、鎌倉幕府の御家人は将軍御所に出仕することのできる小侍所簡衆と出仕できない一般の御家人にわかれた。将軍御所に出仕する簡衆は、御所内を清浄に保つために、自身に穢れが及ばないように神経を使わなければならなかった。服仮・鹿食・産穢など日常的に発生しやすい穢れは、儀式に参列したくないための言い逃れではないのである。

穢れの広がりかた

ここで、穢れの伝染のルールを説明していこう。

平安時代以来、さかんにいわれた穢れは、死や流血と密接に結びついていた。ある人の屋敷でお産があったとしよう。お産のあった屋敷は、穢れの発生地「甲」となる。穢れが発生したときに甲にいた人およびその後甲に出入りした人は、穢れの第一感染者「乙」となる。「乙」は穢れを感染させる力をもつので、「乙」と同じ空間にいた人は感染し、第二感染者「丙」となる。「丙」はもはや感染させる力をもたないので、「丙」と空間を同じくした「丁」に感染することはない。ただし、「甲」は穢れが消滅するときまで感染源であり続けるので、その後「甲」に入った人は続々と感染して「乙」になる。「乙」は穢れが消滅するまで移動する感染源となるので、穢れを広げる媒体となっていった。

将軍家が主催する鎌倉幕府の神事や儀式を清浄に保つためには、将軍御所や会場となる場所は清浄であり続けなければならず、「乙」と「丙」は儀式の空間から排除しなければならなかった。将軍御所に出仕する小侍所簡衆もまた、禁忌を意識しなくてはならないのである。摂家将軍の時代になると、『男衾三郎絵詞《おぶすまさぶろうえことば》』のなかで紹介されている男衾三郎のような生き方をする御家人は、将軍家に近寄ることが許されないのである。

将軍家と将軍御所に出仕する御家人との関係が将軍御所を清浄に保つことを前提とした範囲内に制限されたことは、両者を媒介するものが武勇から芸能に変化していく重要な要因となった。北条氏が和歌を学び、三浦氏が管弦を学んだことは、武勇の家として弓馬の芸だけに熟練していたのでは、将軍家と付き合っていけなくなったことを意味していた。宗尊親王の時代になると、将軍家の周りから死を賭《と》して将軍家を護ろうとするような御家人が姿を消したのは、そのような背景によるものであった。

追放される将軍

最後に、宗尊親王更迭の次第をみていこう。

文永三年（一二六六）六月二〇日、松殿法印良基《まつどのほういんりょうき》が鎌倉を逐電した。良基は松殿大納言藤原忠房《ただふさ》の子、鶴岡若宮別当定豪《じょうごう》の弟子で、宝治元年（一二四七）三月二八日に将軍九条頼嗣御祈を勤めたのがはじめである。宝治合戦によって定豪は若宮別当を逐われたが、良基は加持祈禱に力のある験者《げんじゃ》として鎌倉で名声を獲得し、将軍家や北条氏一門の祈禱を行った。『吾妻鏡』は良基の逐電を、「御所中より退出して逐電す、子細有り」とのみ記す。この日から、鎌倉は不穏な空気に包まれていく。

『吾妻鏡』文永三年六月二三日条

酉刻、御息所《みやすんどころ》（藤原宰子《さいし》）ならびに姫宮（倫子《りんし》）が、突然北条時宗の山内別荘に入御《にゅうぎょ》なされた。若宮（惟康《これやす》親王）もまた、北条時宗邸に入御なされた。そこで、人々は何事かと思い、時宗邸に駆けつけた。鎌倉でおきた騒動は、その理由が明らかでない。

この日、宗尊親王息所（藤原宰子）および宗尊親王姫宮（倫子）が得宗家別邸山内殿に入御し、惟康親王が北条時宗邸に移された。この日以後、鎌倉には御家人が続々と集まってきた。七口といわれた鎌倉の入口はすべて北条氏が抑えていたが、名越教時が宗尊親王支持の立場をとっていたため、得宗家が鎌倉を完全に封鎖することはできなかった。この騒動では、「関を破りて鎌倉に奔り参るの輩、或いは道を廻りて密参の類有り」と記録されている。数は少なくなったとしても、将軍家のもとに命がけで参上しようとする御家人は残っていたのである。政変に発展することはなかったが、鎌倉が緊迫した状態に陥っていたことは読みとることができるだろう。

文永三年七月三日、北条時宗邸と将軍御所の間を頻繁に使者が往復し、宗尊親王が北条時宗邸に入った。七月四日、名越教時は数十騎の軍兵を率いて宗尊親王上洛に抗議の姿勢を示した。しかし、北条時宗の慰撫によって合戦にはいたらなかった。この日の戌刻、宗尊親王は上洛の準備のため佐介時盛《さすけときもり》邸に移った。宗尊親王送還の手続きが調ったのである。

『吾妻鏡』は、宗尊親王の京都送還を伝える次の条文で終わる。

　二十日、庚戌《かのえいぬ》、戌刻、前将軍家御入洛《じゅらく》、左近大夫将監時茂朝臣《さこんたいふのしょうげんときもち》六波羅邸に着御す。

　『吾妻鏡』文永三年七月二〇日条

鎌倉幕府政治が歩んだ道

『吾妻鏡』を中心にながめてきた鎌倉幕府政治の歴史をたどる旅は、これで終わる。

中世の政治には、神仏と向かい合う政治と、今日いうところの政治と共通する世俗の政治がある。

将軍家を中心に鎌倉幕府の歴史をたどると、将軍が鎌倉幕府を創ったオーナーから神仏と向かい合う祭祀王へと変わっていく歴史であったことがみえてくる。頼朝は、有力豪族にかつがれた神輿として始まった将軍家を、鎌倉幕府のオーナーに創り上げていった。二代将軍頼家はあくまでオーナーであろうとして滅亡し、三代将軍実朝は将軍家を武家の棟梁から公家へ脱皮させることを急いだ。四代将軍九条頼経は嫡子頼嗣に将軍家の地位を譲り、天皇に対する院に対応する俗権をもつ王「大殿」になろうとして鎌倉を追われた。

歴代将軍は、将軍家をどのような形にするかを模索していたといえる。その結果として示されたものが、鎌倉が、「祭祀王」としての将軍家は必要とするが、世俗の権力を行使するオーナーは必要としていない現実であった。それ故、将軍家は退位すると鎌倉を離れたのである。宗尊親王の京都送還劇は、将軍家を京都に戻すための儀礼として政変が行われたことを示している。

将軍家が世俗から離れていく方向で変質を続けると、誰が世俗の権力を掌握するのかという重要な課題の解決を迫られることになった。当初示された可能性は、公家政権と同じ乳母夫が主導する体制、将軍家の生母が親権を掌握した上でその親族が外戚として主導する体制、宿老の連合体が将軍家を補佐する体制の三つであった。鎌倉時代前期の政治史は、三種類の選択肢のなかからどの体制を選ぶかを模索したものであった。結果として選択されたものが、北条政子・義時姉弟が主導する政権であった。

この体制は、源家将軍断絶後も継続されたが、伊賀氏事件によって体制の継続を否定された。北条泰時主導の執権政治は、政子・義時姉弟の専権に対する強い反動が生みだした体制といえる。また、執権政治は、伊賀氏事件で苦渋をなめた泰時の資質に強く依存したもので、当初から永続性をもつ体制ではなかったのである。

泰時の嫡孫経時は執権政治を継承しようとしたが、大殿政治をはじめようとする九条頼経と激しく対立した。執権政治の継承か、院政の鎌倉版ともいえる大殿政治の開始かという選択であったが、経時の跡を継いだ時頼がクーデターを起こし、得宗専制を開始したことによって、幕府政治はまったく違う方向に動きはじめた。

北条氏の本家（得宗家）が幕府を主導する政治は、以後の幕府政治の原型となっていく。得宗専制のもと、将軍家は鎌倉の祭祀王となり、世俗の世界に関わることが少なくなった。また、将軍御所に出仕する御家人も、清浄な将軍御所を汚さないように触穢に細心の注意を払うようになった。世俗の事を主導する得宗には、外戚と内管領を中心に数多くの補佐役がついた。補佐役が合意を形成するために開く会議が寄合である。この体制を形成するための最後の障害物となったのが、北条泰時の外戚として勢力をのばしていた三浦氏であった。

この鎌倉草創以来の有力御家人は、時頼の祖母の実家であり、また、大殿支持勢力とのつながりも強かった。宝治合戦は、三浦氏と大殿頼経支持勢力を幕府から一掃した事件である。宝治合戦の後、得宗家に対抗できる勢力は鎌倉幕府内にはみられなくなった。代わって、北条家内部の対立が鎌倉幕府の政変に転化されるようになった。宗尊親王送還劇にみられた対立が得宗家対名越氏という構図をとったことは、そのことをよくあらわしている。

以上のように、鎌倉幕府の政治史は、将軍家が聖性を強めることによって世俗からどんどん離れ、代わって北条氏が幕府の首席として俗権を強め、肥大化の道を歩んでいく歴史であった。この巨大な二本のベクトルが示す道の間で、政治の舞台に登場した人々は己の置かれた立場を考え、最良の道を模索しながら歩んでいった。個々の立場を明らかにし、その上で全体を組み立てる作業に戻るとき、大きな物語の上に安住した歴史叙述がいかに貧困なものであるかをご理解いただけたであろうか。歴史上の人物は、その人の置かれた立場を想定して、その人にあった最適戦略を考えるだけでも、多くのことを語りはじめるのである。

主要参考文献一覧

序章　鎌倉幕府の転換点を考える

大淵憲一編著『紛争解決の社会心理学』（ナカニシヤ出版　一九九七）
奥富敬之『鎌倉北条氏の基礎的研究』（吉川弘文館　一九八〇）
香取真理『複雑系を解く確率モデル』（講談社　一九九七）
五味文彦『明月記の史料学』（青史出版　二〇〇〇）
長島貞夫監修『性格心理学ハンドブック』（金子書房　一九八三）
西垣通『こころの情報学』（ちくま書房　一九九九）
細川重男『鎌倉政権得宗専制論』（吉川弘文館　一九九九）
松岡正剛他『複雑性の海へ』（ＮＴＴ出版　一九九四）
Ｍ・ミッチェル・ワールドロップ著　田中三彦・遠山峻征訳『複雑系』（新潮社　一九九六）
八代国治『吾妻鏡の研究』（藝林社　一九四一　一九七六覆刻）
阿部隆一「吾妻鏡刊本考」（『振り仮名つき吾妻鏡・寛永版影印』解題　汲古書院　一九七六）
近藤成一「文書様式にみる鎌倉幕府権力の転回」（『古文書研究』一七・一八合併号　一九八一）
佐藤進一「鎌倉幕府政治の専制化に就いて」（『日本封建制成立の研究』所収　一九五五）

佐藤進一「合議と専制」（『（駒沢大学大学院史学会）史学論集』一八　一九八八）
高梨みどり「得宗被官長崎氏の専権」（『歴史教育』八―七　一九六〇）
益田宗「吾妻鏡」（『国史大辞典』一　一九七九）

第一章　頼朝挙兵

伊藤喜良『中世王権の成立』（青木書店　一九九五）
河内祥輔『頼朝の時代』（平凡社　一九九〇）
川合康『源平合戦の虚像を剝ぐ――治承寿永の内乱論序説』（講談社　一九九六）
近藤好和『弓矢と刀剣――中世合戦の実像――』（吉川弘文館　一九九七）
近藤好和『中世的武具の成立と武士』（吉川弘文館　二〇〇〇）
五味文彦『平清盛』（吉川弘文館　人物叢書　一九九九）
五味文彦『平家物語、史と説話』（平凡社選書　一九八七）
多賀宗隼『源頼政』（吉川弘文館　人物叢書　一九七三）
野口実『坂東武士団の成立と発展』（弘生書林　一九八二）
野口実『中世東国武士団の研究』（高科書店　一九九四）
保立道久『平安王朝』（岩波新書　一九九六）
山本幸司『頼朝の精神史』（講談社　一九九八）
元木泰雄『武士の成立』（吉川弘文館　一九九四）

元木泰雄『院政期政治史研究』（思文閣出版　一九九六）
元木泰雄『藤原忠実』（吉川弘文館　人物叢書　二〇〇〇）
春日部市役所編『春日部市史　通史編』（春日部市役所　一九九四）
今野慶信「治承四年源頼朝武蔵入国の経緯について」（『北区史研究』五　一九九六）
砂川博「源平盛衰記の頼政説話」（『平家物語新考』　一九八二）
永井晋「十二世紀中後期の御給と貴族官人」（『國學院大学大学院紀要　文学研究科』一七　一九八六）
野口実「源頼朝の挙兵と房総武士団の動向」（『市原市史　通史編』　一九八六）
樋口州男「頼政の墓」（『平家物語の史実と伝説』　一九八六）
松尾葦江「長門本の基礎的研究」（『平家物語研究』　一九八五）
明月記研究会編「『明月記』（治承四年）を読む」（『明月記研究』四　一九九九）
湯山学「多田源氏と東国」（『古河市史研究』三）

第二章　ポスト頼朝を勝ち残るのは誰か

酒井紀美『中世のうわさ――情報伝達のしくみ――』（吉川弘文館　一九九七）
東松山市役所編『東松山市史資料編Ⅱ』（一九八二）
秋山喜代子「乳夫について」（『史学雑誌』九九―七）
秋山喜代子「養君にみる養育と後見」（『史学雑誌』一〇二―一　一九九〇）
石井進「比企一族と信濃、北陸道」（『信濃の歴史と文化の研究』　一九九〇）

伊藤一美「鎌倉御家人梶原景時の立場」（『金沢文庫研究』二八八　一九九二）
伊藤邦彦「比企能員と初期鎌倉幕府」（『鎌倉』七三　一九九三）
岡田清一「執権制の確立と建保合戦」（『中世日本の諸相』　一九八九）
柏美恵子「比企氏の乱と北条時政」（『法政史論』一七　一九八〇）
清田義英「比企氏の乱後の比企氏」（『金沢文庫研究』二一七　一九七四）
清水久夫「武蔵国比企郡の請所について」（『埼玉地方史』三　一九七七）
杉橋隆夫「執権連署制の起源――鎌倉執権政治成立過程続論」（『立命館文学』四二四―四二六　一九八〇）
杉橋隆夫「鎌倉執権政治の成立過程――十三人の合議制と北条時政の執権就任」（『御家人制の研究』　一九八一）
永井晋「比企氏の乱の基礎的考察」（『埼玉地方史』三七　一九九七）
西岡芳文「前近代日本の口頭伝達について」（『国語史のために』所収　一九八六）
西岡芳文「日本中世の情報と知識」（『歴史学研究』一九九八年増刊号）
西岡芳文「情報史の構図」（『歴史学研究』六二五　一九九一）
野口実「流人の周辺――源頼朝挙兵再考」（『中世日本の諸相』　一九八九）

第三章　北条時政の栄光と没落

石井進『鎌倉武士の実像――合戦と暮らしのおきて』（平凡社選書　一九八七）
五味文彦『吾妻鏡の方法――事実と神話にみる中世』（吉川弘文館　一九九〇）

角田文衛『平家後抄』（朝日選書　一九八一）
貫達人『畠山重忠』（吉川弘文館　人物叢書　一九六二）
岡田清一「武蔵国留守所惣検校職について――執権北条体制成立史の一齣」（『学習院史学』一一　一九七四）
菊池紳一「北条時政発給文書について」（『学習院史学』一九　一九八二）
菊池紳一「秩父一族の展開」（『埼玉地方史』四〇　一九九八）
永井晋「鎌倉初期の武蔵国衙と秩父氏族」（『埼玉県立歴史資料館紀要』七　一九八五）
平岡豊「後鳥羽院上北面について」（『国史学』一三〇　一九八六）
福田以久生「岡野馬牧と大岡荘」（『駿河相模の武家社会』　一九七七）

第四章　源氏はなぜ断絶したのか

上横手雅敬『日本中世政治史研究』（塙書房　一九七〇）
上杉孝良「『承久記』私考――三浦胤義の子供処刑の事について」（『三浦一族研究』三　一九九九）
菊池紳一「承久の乱に京方についた武蔵武士――横山党の異端小野氏」（『埼玉地方史』二〇　一九八七）
田中稔「承久京方武士の一考察――乱後の新地頭補任地を中心に」（『史学雑誌』六五―四　一九五六）
田中稔「承久の乱後の新地頭補任地拾遺――承久京方武士の一考察・補論」（『史学雑誌』七九―一二　一九七〇）
田中稔「大内惟義について」（『中世日本の諸相』　一九八九）

平岡豊「藤原秀康について」(『日本歴史』五一六　一九九一)
山内譲「承久の乱と伊予河野氏の動向」(『日本歴史』四一三　一九八二)
松本新八郎「『玉葉』にみる治承四年」(『文学』一七―一〇　一九四九)

第五章　北条政子の時代が終わるとき

上横手雅敬『北条泰時』(吉川弘文館　人物叢書　一九五八)
奥富敬之『鎌倉北条氏の基礎的研究』(吉川弘文館　一九八〇)
高橋秀樹『日本中世の家と親族』(吉川弘文館　一九九六)
服藤早苗『家成立史の研究』(校倉書房　一九九一)
服藤早苗『平安朝の家と女性――北政所の成立』(平凡社　一九九七)
渡辺保『北条政子』(吉川弘文館　人物叢書　一九六一)
飯沼賢司「後家の力」(『家族と女性』一九九二)
奥富敬之「鎌倉幕府伊賀氏事件のその周辺」(『日本医科大学文化研究誌』二　一九七三)
久留島典子「後家とやもめ」(『ことばの文化史　三』一九八九)
小泉聖恵「得宗家の支配構造」(『お茶の水史学』四〇　一九九六)
後藤みちこ「武家の乳母と乳母夫――『吾妻鏡』にみる――」(『鎌倉』八五　一九九七)
近藤成一「中世財産相続法の成立」(『家族と女性の研究　古代・中世』一九八九)
下山忍「北条義時発給文書について」(『中世日本の諸相』一九八九)

高木豊「元仁元年鎌倉政情の一考察」（『政治経済史学』三六　一九六六）
永井晋「伊賀氏事件の基礎的考察」（『国学史』一六三　一九九八）

第六章　宝治合戦の真実

湯山学（『相模国の中世史　下』（私家版　一九九一）
青山幹也「鎌倉幕府将軍権力試論――将軍九条頼経～宗尊親王期を中心に」（『年報中世史研究』八　一九八三）
工藤勝彦「九条頼経・頼嗣将軍期の将軍権力と得宗権力」（『日本歴史』五一三　一九九一）
倉井理恵「鎌倉将軍送還の成立――寛元四年騒動との関係」（『鎌倉』八八　一九九九）
永井晋「中原師員と清原教隆」（『金沢文庫研究』二八八　一九八八）
野口実「執権体制下の三浦氏」（『三浦古文化』三四　一九八二）
中里行雄編「宝治合戦と三浦一族シンポジウム報告」（『三浦一族研究』四　二〇〇〇）

最終章　『吾妻鏡』最後の事件

青木保『儀礼の象徴性』（岩波書店　一九八四）
斉藤国治『国史国文に現れる星の記録の検証』（雄山閣　一九八六）
原田信男『歴史のなかの米と肉』（平凡社　一九九三）
村山修一『日本陰陽道史総説』（塙書房　一九八一）

安井香山『緯書』（明徳出版社　一九六九）
安井香山『中国の神秘思想』（平河出版社　一九八八）
山本幸司『穢と大祓』（平凡社　一九九二）
岡田重精「忌服考」（『皇學館大學紀要』一五　一九八七）
岡田重精「中世神宮の服忌令について」（『皇學館大學神道研究所紀要』一九八七）
石田祐一「放生会と的始の記事について」（『中世の窓』八　一九六一）
石井進「鎌倉時代中期の千葉氏」（『千葉県史研究』一　一九九二）
大谷光夫「鎌倉時代以後の天文史料と讖緯」（『二松学舎創立百十周年記念論集』一九八七）
斉藤国治「古天文学の宝庫『吾妻鏡』について」（『星の手帖』一九八四夏号）
永井晋「『吾妻鏡』にみえる鶴岡八幡宮放生会」（『神道宗教』一七二　一九九八）
永井晋「鎌倉幕府垸飯の成立と展開」（『日本中世政治社会の研究』続群書従完成会　一九九一）
中川博夫・小川剛生「宗尊親王年譜」（『徳島大学総合科学部言語文化研究』一　一九九四）
野中和孝「宗尊親王の幼少期」（『日本文芸研究』五〇―三　一九九九）
速水侑『平安貴族社会と仏教』（吉川弘文館　一九七五）

あとがき

この原稿を書きながら頭をよぎったものは、未熟ではあるが純粋な議論を戦わせた学生時代の友人たちの顔である。國學院大學の史学科に進んだのは、歴史が好きだから「歴史に関わる仕事につきたい」という漠然たる思いを持ち、史学科として実績のある大学に焦点を絞って受験した結果である。本書の筆法をもってすると、史学科に進むことは明確な方向性が示されていたとしても、どの大学に進学できるかは、本人の成績が受験した学生全体のなかで何番目になるかというランダムに左右されることになる。

ついで、國學院大学史学科に進学したことによって示された選択肢のなかから、研究集団の気風を持つ学生研究会國學院大學日本史研究会中世史部会を選択した。研究会は、月曜から金曜の昼休みに『吾妻鏡』の輪読会を行い、条文の精読とその条文のなかで特記すべき記事についての研究報告を週一回行っていた。また、大学・博物館・美術館・出版社に数多くの先輩を送り出し、村田書店から『吾妻鏡地名索引』を出版していた。この研究会に入ったことで、地道な努力を続けていれば自分もその道に進めるのではないかと自然に考えるようになっていた。

また、埼玉県立文書館を例会の場とした吾妻鏡講読会にも参加させていただいた。こちらには、武蔵国の御家人に詳しく、御家人の名前を言うと、「館跡はどこ、文書を伝える子孫の家はどこ、関連する文化財はなに、最近の成果はどの市町村史や論文に書かれている」と、即座に解説できるような方々が席を連ねていた。『吾妻鏡』を読むための基礎は、このふたつの研究会に属したことで自然と身に付けていった。

大学院に進むと、近藤好和をはじめ、現在、第一線で活躍する俊英と机を並べることになった。優れた先輩や後輩と接しながら研究を続けていると、「この人は、ここまで調べ込むのか」と思い知らされることが多々あり、自身を駄馬のように思い、さらに頑張らなければと拍車をかけることがたびたびあった。

また、埼玉県教育委員会が行っていた中世城館跡調査に加わり、武蔵武士のふるさとともいえる秩父・児玉・大里三郡の城館跡を数多く実地で歩いた。この調査のおかげで、武蔵武士の原風景をイメージできるようになった。

金沢文庫に就職すると、そこではまた真鍋俊照・福島金治・西岡芳文・津田徹英・向坂卓也といった一流のスタッフと机を並べることになった。金沢文庫の史料調査では、百瀬今朝雄・湯山賢一・山家浩樹といった職人肌の研究者の謦咳に触れることができた。またまた、「この人たちは、ここまで調べ込むのか」と調査の幅と奥行きの深さを思い知らされ、まだまだ努力が足りないことを痛感させられることがままあった。こうした環境のなかで、学生時代からじっくりと煮詰めてきたテーマのエッセンスを述べたものが、本書である。

本書の執筆にあたっては、社会学や心理学の分析法を一部に取り込んでいる。横浜市金沢区は、横浜市立大学の村橋克彦教授が市民運動の実践の場として活動を続けている地域である。ここ一〇年、村橋ゼミは、地域の歴史や文化を掘り起こして市民生活と結びつけていく「まちづくり」運動を展開してきた。村橋ゼミの活動は、行政と市民の対話を深め、市民相互のネットワークを豊かにし、生涯学習に対する区民の成熟度を高めてきた。本書は村橋ゼミと接するうちに吸収した社会学の知見を取り入れている。また、茨城大学で長く心理学を講義していた舅中原弘之から、性格心理学や社会心理学など人物の分析に役立つ基本書を紹介していただいた。本書が、素朴実証主義に基づく史料分析から一歩踏み込んだ叙述をしている場面では、社会学における人間関係や紛争処理の技術論や、心理学における心理分析の技術を援用している。

優れた人々がこだわりを見せながら仕事する姿に接することは、己を高めていく上で何よりも貴重な体験である。『史記列伝』には、「白鳥をまねれば、失敗しても家鴨になることができる。」といって子供を学者にさせた母の話がでてくる。筆者は己のことを駿馬を追いかけて走り続ける駄馬にたとえたが、長く走り続けているうちに次第に早く走れるようになってきたとも考えている。

素朴実証主義的な歴史叙述の限界にも、社会構造や政治・経済のシステムといった構造研究をしていれば事足れるとする歴史学研究の姿勢にも飽き足りないものを感じていた。歴史を動かすシステムの分析には熱心でも、そのシステムを動かす人間の分析が甘いためである。法や制度は、それを運用する人の考え方で適用が変わることは、日常生活でもよく経験することであろう。ＮＨＫ出版の石浜哲士氏から本書の執筆依頼をうけ、『吾妻鏡』の世界に今一度立ち返ろうと思ったのも、素朴ではあるが真剣な議論をした学生時代の体験に一度立ち返り、そこから自分の世界を今一度再構築しようと思ったからである。

今は、鎌倉幕府の一五代執権金沢貞顕の伝記の構想をまとめようと考えている。世渡り上手な高級官僚の心はなかなか読みにくく、本書と同様に、社会学や心理学の知見はどうしても必要になってくる。本書で鎌倉前期の幕府政治を通観したため、金沢貞顕の伝記では、『金沢文庫古文書』を中心に鎌倉後期の幕府政治を通観することになるであろう。この二書を通じて鎌倉幕府政治を通観した後、それを詳論した大著を仕上げたいと考えている。

最後に、金沢を中心に多くの史跡を撮影されてきた山田善一さんから貴重な写真を提供していただいた。御礼を申し上げたい。

補論　キャスティングボートとしての権門寺院

――京都を制した者は誰か――

一　鎌倉幕府にとっての不如意

比叡山延暦寺という存在

白河法皇が思い通りにならぬものとして「賀茂川の水・双六《すごろく》の賽《さい》・山法師」(『平家物語』)をあげたことは、高等学校で日本史を詳しく教えていた時代には教科書にも取り上げられた有名なエピソードである。賽の目は不正を行わない限り誰の思い通りにもならぬものであるが、堤防管理を職掌とする役所防鴨河使を設置しても有効な対策を講じられない賀茂川の氾濫、検非違使や在京する武家の武力では対応できない権門寺院の嗷訴《ごうそ》はいかんともしがたいという思いがあったのであろう。

「嗷訴」は、寺院が持つ神仏の権威を背景に軍事的威圧を伴いながら権門寺院が起こす訴訟で、石清水八幡宮など神社が起こす場合は「神訴」といった。嗷訴を起こす寺院の代表格は、北嶺の延暦寺と南都の興福寺であるが、白河法皇が「山法師」と明言しているところから、比叡山延暦寺が特に頭のいたい存在であったことがわかる。

『平家物語』の原型が作られた鎌倉時代中期は、南都の興福寺は承久の乱の敗北でたたきのめされ、鎌倉幕府が大和国に地頭職を全面的に設置すると脅しをかける状況になっていた。鎌倉幕府が成立した時には御家人になった少数の人々が地頭職設置の対象となっただけだったので、京方とはっきりしている人々の所領を没収し、鎌倉の関係者を新たな領主（地頭）に補任すると厳しい態度にでたのである。大和国を自分の本領と考えている興福寺にとっては、大きな打撃となった。

延暦寺は、承久の乱に出陣した大衆が勢多の戦いで幕府軍の進撃を止めた。敗れたと思っていない延暦寺は、鎌倉幕府に屈服しない武力の保持に成功し、鎌倉時代中期以後の京都の政局に強い影響力を維持しただけではなく、財務に長けた中堅層の僧侶を多く育て、西国の所領経営に慣れない鎌倉幕府の御家人の代官として所領の管理を行うようになった。また、京都の金融に大きな影響力を持ち、京都の経済の重要な部分を担い続けた。

鎮護国家の祈禱を担う権門寺院の表看板を持ち、京都周辺で最大の武力を持つ存在として嗷訴という名前の示威行動を繰り返し、京都の経済の動脈ともいうべき金融を握る存在、それが比叡山延暦寺である。京都の政局を左右しかねない強大な存在として鎌倉幕府の前に立ちはだかる延暦寺は、源家将軍や北条氏の悩みの種でありつづけた。ついには、鎌倉幕府が京都を軍事的に制圧した象徴として存在する六波羅探題が、欠員がでると北条氏一族の中で押し付け合いになる貧乏くじの役職と考えられるまでになるのである。

比叡山延暦寺の武力

比叡山延暦寺は、公称三万人の大衆を集めることができた。ただし、この動員には門跡や三塔のもとに分かれている大衆の総意「満山の合意」を必要とした。延暦寺の大衆は、鎮護国家の祈禱を行う学侶のように密教を深く学んでいるわけではないが、法華経を至高の経典として議論によって学識を深めていくことを重んずる顕教を学んでいるので、弁のたつ人々が集まっていた。大衆が延々と議論をする様子は、『平家物語』の「永僉議《せんぎ》」でよく知られている。

治承寿永の内乱（一一八〇—一一八五）が始まった時、延暦寺は天台座主覚快法親王のもとで中立を保つ勢力、前天台座主明雲のもとで平氏政権支持の立場を取る勢力、以仁王事件を機に源氏支持の立場に立つ勢力の三派に分かれ、満山の合意に達することはなかった。そのため、門跡や堂塔を単位とした大衆が、数百人規模で動いていた。唯一の例外が、以仁王を保護して嗷訴を起こそうとしている園城寺を焼き打ちすると決定した治承四年（一一八〇）五月の僉議である。以仁王を保護する園城寺の対応に手を焼いた平氏政権が延暦寺に協力ないし中立を求めた時、延暦寺は宿敵園城寺を攻撃する好機と考え、平氏政権の追討使編成よりも早く、園城寺焼き打ちの合意を取り、準備を始めた。以仁王が園城寺脱出を決意したのは、延暦寺大衆の素早い動きが原因である。

満山の合意が得られると、本山や洛中に居る大衆だけではなく、末寺・寺領にも大衆・兵士の招集がかかる。鎌倉時代後期の延慶の山門嗷訴では、加賀白山の大衆が嗷訴に加わるために上洛の途次についたと記録されている。公称三万人は、膝下の山城・近江の人々だけではなく、駆けつけられる範囲内の末寺・寺領まで見込んだ数字である。参考までにあげると、六波羅探題が京都に常駐させる軍勢は南北それぞれ約千騎、合計二千騎である。それに、京都を勤務地に指定された御家人在京人や、六波羅探題の指揮下に入る探題料所（守護職も含む）の御家人を加えても数千騎である。満山の合意による嗷訴と決まれば、動員に要する時間や規模は六波羅探題よりも延暦寺の方が早くて大きい。これは、中世京都を支配したのが誰かを考える時に重要な要素となる。

また、比叡山延暦寺の武力は、河内源氏に代表される武家が用いる合戦のための武力とは違い、呪術による武力も帯びている。延暦寺大衆は日吉山王権現の神輿を権威として嗷訴を起こすので、これを攻撃して破損させた場合は日吉山王権現の神威を穢したことになる。世俗の武力で嗷訴の大衆を防ぎきっても、神輿を傷つけたり、嗷訴の行列に加わる大衆に死傷者が出た場合は、防御に出た六波羅探題の方が罪を問われることになる。動員規模が大きい上に、神威という不可侵の正当性を持つのであるから、在京する人々や近江守護佐々木氏は延暦寺の武威に悩まされることになった。

二　延暦寺・園城寺・佐々木氏

建久二年の衝突

文治五年（一一八九）に奥州藤原氏を滅ぼし、翌建久元年に上洛して後白河院との間で天下泰平を確認した源頼朝は、これで大仕事は終わったと考えていたであろう。そこに、延暦寺が近江国御家人佐々木氏を訴えたという一件が持ち込まれた。

建久二年（一一九一）三月二十七日、延暦寺は近江国佐々木庄が千僧供の供料を滞納しているとして、日吉社の宮仕数十人を佐々木定綱の館に派遣して徴収しようとした。在宅していた定綱の子定重は反撃に転じ、宮仕の宿所を襲って火を放ち、闘乱となって怪我を負わせた。四月二十六日、延暦寺は佐々木氏の罪を訴える嗷訴を起こしたので、在京していた遠江守護安田義定が大内の警固につき、嗷訴を防ごうとして闘乱になった。

延暦寺の訴えの内容を聞いた源頼朝は後白河院に対して恩免を求める使者を上洛させたが、後白河院はすでに延暦寺の訴えを認め、四月二十九日に佐々木定綱とその一族四名が流罪、安田義定の郎党五人が禁獄という処分を決定した。この決定を受けて、延暦寺の大衆は山に引き上げたものの、これでは軽すぎるとさらに重い罪を求めたので、佐々木定重は流罪から梟首に罪名を改められ、近江国唐崎で処刑された。この嗷訴は、延暦寺の一方的な勝利に終わった。

源頼朝は、治承四年（一一八〇）八月の挙兵から共に戦ってきた佐々木定綱を守り切れなかった。佐々木氏は治承寿永の内乱を源頼朝の側で過ごしたので、勝者のおごりから延暦寺の実力を十分に認識していなかった可能性が高い。この事件を知った九条兼実は、延暦寺の出方を苛酷過法と表現しながらも、一方で佐々木氏の対応も慎みを忘れたと考えている。園城寺と結んで勢力圏を築いた近江源氏山本一族なら、このような対応をしないことを知っているためであろう。

源家将軍と園城寺

天台宗は、延暦寺を本山とする山門と、園城寺を本山とする寺門に大きく分かれている。両者は、顕密併修（大日如来と法華経を共に重んじる）の立場を取る慈覚大師円仁の法流と密教（大日如来中心）に重心を移した智証大師円珍の法流といった教学上の大きな違いがある。それと共に、天台宗に認めた円頓戒壇（伝法灌頂など師資相承の作法を行う場所）は延暦寺に置かれているので、延暦寺は園城寺の僧に使わせなかった。園城寺の僧は真言宗や南都の僧侶と共用で東大寺戒壇院を使うか、園城寺の院家や畿内に点在する拠点となる寺院に戒壇道場を仮設して伝法灌頂を行うしかなかった。天台宗の戒壇院を延暦寺に独占された園城寺は、朝廷が園城寺にも戒壇院設立を認める勅許を下すことを悲願とした。延暦寺がこの動きを黙認するわけがなく、この問題をめぐる対立は平安時代中期から園城寺の勢力に陰りが生ずる南北朝時代まで繰り返されることになった。

河内源氏は、八幡太郎義家の弟新羅三郎《しんらさぶろう》義光の末裔も、武田氏・佐竹氏・山本氏など武家源氏として繁栄していた。新羅三郎は園城寺の新羅明神にちなむ通称で、義光は新羅明神の氏人となっていた。義家の弟には、園城寺に金光院を創建した覚義もいる。源頼義の時に作り上げた河内源氏と園城寺の友好的な関係は、治承寿永の内乱で近江源氏山本氏が衰退しても、源頼朝によって再構築され、継続していくことになった。

園城寺と提携することの意味

源頼朝は、鶴岡初代社務に園城寺の行暁法印の弟子で、従兄弟にあたる円暁を迎えた。また、園城寺長吏公顕と友好的な関係を結び、まだ新興都市の段階にある鎌倉の僧侶では手にあまる大規模な法会を催したい時は、公顕に鎌倉下向を求めた。園城寺も治承寿永の内乱で荒廃した状況から復興するためには有力な支援者が必要であり、鎌倉の将軍家を外護者として厚遇した。源頼朝は、建久元年（一一九〇）の上洛にあわせて、園城寺復興のための諸役を有力御家人に割り振り、堂舎の造営を行わせた。源家将軍が、園城寺の支持勢力であることは誰の目にも明らかであった。

園城寺が延暦寺と対立する時は、南都や真言宗諸派と提携するので、鎌倉幕府はそこに名を連ねることになった。園城寺との連携は、延暦寺との対立を意味していた。鎌倉幕府と延暦寺との対立関係は、構造的に形成されたことになる。この緊張関係は、日光山別当源恵（四代将軍九条頼経の子、勝長寿院別当を兼務）が鎌倉山門派の中心人物として、将軍家護持の天台密教の修法を積極的に行うようになる鎌倉時代後期まで続くことになる。

承久の乱

承久三年（一二二一）六月十四日、後鳥羽院の求めに応じた南都の大衆は宇治川に布陣した。土護覚心・円音などの名前が『承久記』に書き残されている。覚心らの奮戦に対し、幕府軍は「悪《にく》ひ者の振舞かな、相構て射落せ」と弓戦で応じることになる。坂東の騎馬武者が南都北嶺の大衆にてこずる理由は、勢多橋の戦いで詳細に語る。宇治の守りが突破されると、覚心以下の生き残りは幕府軍の裏手に出るべく三室戸寺（京都府宇治市）に逃れ、さらに南へと落ちていった。落ち武者の追捕に向かった人々は、三室戸寺で今日を最期と鎧を脱いで自ら剃髪した武者を覚心と誤認し、取り押さえて討ったと伝える。『承久記』は、これを無慙と非難した。南都は、この敗戦で鎌倉の武力に対抗できないことを知ることになった。

一方、山田重忠と共に勢多橋の守りについた延暦寺の大衆は違った。『慈光寺本　承久記』は後鳥羽院の要請によって山を下りた大衆を、播磨竪者・智性房・丹後など七百人と伝える。この人数はいくつかの院家や堂塔が応じた規模で、延暦寺の意思が統一されていなかったことを示している。この日の宇治川は増水しているので、琵琶湖に集まった水が流れ出す勢多では治承四年（一一八〇）の宇治川合戦のように馬筏《うまいかだ》を組んで押し渡る渡河戦ができなかった。戦える場所が勢多橋の橋上などに限定されたことが、勢多橋の守りについた人々が北条時房率いる幕府軍に完勝ともいえる勝利をする要因となった。

延暦寺大衆の強さ

延暦寺の大衆は、勢多橋の橋中二間分の板を引き落とし垣盾《かいだて》を並べて布陣した。『承久記』は、幕府軍が攻めあぐねた理由を「山法師は徒歩《かちだち》の達者なり、その上、大太刀・長刀《なぎなた》を持ちて重く打ちければ、武士は心こそ剛なれども、小太刀にてあいしらい（相手となって）戦うほどに、九人がうち、六人は垣盾の際に切り伏せらる」と述べている。騎馬武者の刀は、馬上で片手で扱えるように重量も軽く、切り下ろせるように反らせている。歩兵である大衆（僧兵）は、全身の力を刀に使ってよいので、長刀のように柄を長くして振り回したり、大太刀のように刀身を重くして叩くように使うことができた。大衆の武器は遠くから相手を攻撃できる上に打撃力があるので、橋上のように狭い空間での合戦には有利である。宇都宮頼業が上流部から渡河しようとしたが、その軍勢を見た美濃竪者観厳は船を出して、河中からその軍勢に弓を射たと記している。完全な手詰まりとなった北条時房は、「一日二日に事行くとも見えず」（『吾妻鏡』）と攻撃中止を指示した。

勢多に布陣した軍勢がどのタイミングで退いたかは記されていないが、宇治の守りが破られたと聞いて延暦寺大衆が山に戻ると言い出したことで、山田重忠も勢多から退くしかなくなった。延暦寺大衆は、局地戦で理想的勝利をしたことに満足した帰陣である。

承久の乱の敗北で、京都の人々は徹底的な敗北感を味わうことになった。その中で、勢多橋で北条時房の軍勢を完全に止めた比叡山延暦寺の大衆は、勝利による高揚感を味わった。園城寺も、通過を邪魔しなかったのであろう。承久の乱でくじけなかったことが、鎌倉時代中期以後の延暦寺と鎌倉の関係を規定していくことになる。

三　執権北条経時呪殺

源実朝暗殺以後の鎌倉の宗教世界

時間を少し戻そう。承久元年（一二一九）正月二十七日、鎌倉幕府三代将軍源実朝が鶴岡社務公暁によって暗殺された。筆者は、この事件を二代将軍源頼家を父とする公暁と鶴岡供僧となることで生きのびることのできた平氏の縁者数人が企てた政治的背景を持たない暗殺と考えている。この事件によって利益を得た人がなく、京都の政権も鎌倉の政権も疑心暗鬼の対応を繰り返し、双方が望んでいなかった戦争へと政局が急傾斜していくためである。

鎌倉の権門寺院の世界を見ると、鶴岡社務は初代円暁・二代尊暁・三代定暁・四代公暁と園城寺出身の学侶が勤めてきた。園城寺の法流（天台寺門流）が、鎌倉の宗教世界の主導権を握っていたのである。公暁の実朝暗殺によって、五代社務には寺門流の慶幸が永福寺別当からの転任として就任した。しかし、慶幸は公暁の一件の後始末という激務を委された故か、翌年には亡くなっている。その後任には、勝長寿院別当を勤めていた真言広沢流の定豪が就任し、鎌倉の主導権は園城寺から仁和寺に移ることになった。定豪以後の鶴岡社務は、その弟子定雅・定親と広沢流が継承していった。

鶴岡八幡宮・勝長寿院・永福寺・大慈寺といった源家将軍が創建した社寺は、鎌倉を護持する武家鎮護の権門寺院として特権的な地位を築いていた。この寺院の役職は僧官僧位を持つ学侶が勤めるが、人事は将軍家や鎌倉幕府の重臣が話し合いや社務・別当の推挙によって行うので、本山の意向が反映されることはなかった。

将軍九条頼経と五大堂明王院

源実朝に代わる新たな将軍は、摂関家のひとつ九条家から九条頼経を迎えた。九条家の主九条道家の祖母が源頼朝の妹という遠縁の親戚である。承久元年七月十九日、九条頼経は鎌倉殿（将軍家の通称）として鎌倉に入った。この時、父九条道家は大進僧都観基を頼経の護持僧として同行させた。九条道家は、鎌倉に成立した将軍家を摂関家の分家と考えたので、家長として頼経が鎌倉で摂関家の面子を潰すような田舎じみた儀礼を行わないように、将軍御所の儀礼を整えるべく有職に通じた人々を鎌倉に派遣した。その最初となった観基も、九条家に代々仕える諸大夫の子である。この頃の九条家は、延暦寺の青蓮院門跡を継承していたので、九条兼実の弟慈圓のもとに出仕していた学侶と考えられる。延暦寺にいれば慈圓やその高弟が大阿闍梨を勤める修法の伴僧に名を連ねる立場であるが、鎌倉では将軍家を護持する修法や加持祈禱を仕切らなければならないので、頼経の鎌倉下向が決まった時から導師を勤められるように速成教育が行われた可能性は高い。観基は、鎌倉に骨を埋める覚悟で派遣された頼経附きの学侶である。

嘉禎元年（一二三五）、九条頼経の発願として五大堂明王院が創建された。五大明王は不動明王をはじめとした調伏法に力を発揮する明王を五体揃えたもので、それを供養する五壇法は強力な調伏祈禱の修法である。当初は、鶴岡社務を弟子の定雅に譲った定豪が明王院別当に就任したので、将軍家を護持する息災法や鎌倉に魔障をなすものを攘う調伏法に用いられた。呪術的な攻撃力によって相手を滅ぼす調伏法は、政敵など人を対象とすれば呪詛となるが、この時代ならば「日本国の大魔縁にならん」(『保元物語』)という呪詛の言葉を残したと伝えられる崇徳上皇や、鎌倉幕府の政権主導者の方に心やましいところがある奥州藤原氏・源義経といった人々の怨霊を鎮める役割もあった。他にも、後鳥羽院の怨霊(鶴岡八幡宮の隣に御霊社がある)や比企能員の娘讃岐局(妙本寺蛇苦止明神)などが語られている。創建当初の五大堂明王院は、崇徳院怨霊は別格として、将軍家や北条氏に恨みを残して亡くなった人々の怨霊やさまざまな魔障を鎮めるための調伏法を行う寺院として創建された。

御室戸僧正道慶と関東五壇法

鎌倉幕府三代執権北条泰時は、仁治三年(一二四二)六月十五日に亡くなった。六十歳である。泰時は子の時氏・時実に先立たれ、嫡孫の経時(一二二四—四六)が成人するまではと執権に留まり続けた。晩年まで現職を退けなかったので、出家は死の数日前となった。泰時が自分の死後を見据えて、四代執権に就任する嫡孫経時の腹心として育てたのが金沢文庫本を後世に残したことで不朽の名を残した北条実時(一二二四—七六)である。泰時の死によって十八歳で執権に就いた北条経時は、一筋縄ではいかない老練な鎌倉幕府の重臣を構成員とする鎌倉幕府の会議評定の座長を勤め、将軍家の意向を確認した上で鎌倉幕府の公文書を決裁していった。

鎌倉の人々は予想もしなかったことであるが、四代将軍九条頼経は、摂関家が富家殿《ふけどの》関白藤原忠実以来行ってきた家長（大殿《おおいとの》）による家政運営を鎌倉で行おうとしていた。それは、寛元二年（一二四四）に嫡子頼嗣への将軍家交替として現実のものとして姿を現しはじめた。将軍職を譲った寛元二年から宮騒動で鎌倉を追放される寛元四年まで、鎌倉幕府の儀式では将軍家の分を大殿御方と将軍御方の二組用意した。頼経は前将軍に立場を変えても、将軍の父として鎌倉幕府の中枢で存在感を示し続けた。儀礼の場で高い席次に着くだけなら問題はないが、九条頼経の周囲に北条氏本家とその支持者たちに反感を持つ人々が集まり始めたことが頼経の立場を変えていった。大殿九条頼経は執権北条経時に反感を持つ人々の結節点となったのである。

この時期、将軍御所の密教儀礼の中心に位置したのが、九条頼経の叔父で園城寺長吏を勤めた三室戸僧正道慶（一二〇五―八五）である。道慶は、北条泰時が亡くなった仁治三年頃、鎌倉に下向している。道慶と鎌倉との最初の接点は、仁治元年十二月三十日の将軍九条頼経の推挙による大僧正補任で、その前年に六波羅殿で行った将軍家御祈五壇法に対する返礼と考えられる。関東五壇法は、仁治三年十一月に行われた将軍九条頼経御祈五壇法以後頻繁に行われるようになる。仁治三年から寛元四年までの五年間、大阿闍梨や脇壇阿闍梨の名前がわかる関東五壇法は八回、道慶はそのうちの五回を勤めている。他の三回は、天台座主慈圓（九条兼実の弟）の高弟快雅が二回、延暦寺本覚院院主良禅

（九条良平の子、快雅の受法弟子）が一回で、九条家の関係者が独占的に努めていたことがわかる。これらの記録は、京都の寺院が詳細に残している。『吾妻鏡』がこの五壇法をさらりと書くか記録として書き残さなかったことには、なぜ書かなかったのかという立場から考えると重要なポイントが浮かび上がってくる。

執権北条経時呪殺

寛元四年（一二四六）閏四月一日、四代執権北条経時が二十三歳で早世した。跡を継いだ弟の北条時頼は、鎌倉の街が騒然としているといって館の警固を名目に軍勢を入れた。五月二十四日のことである。この日、大殿九条頼経支持派の評定衆狩野為佐は、鎌倉に入ることを拒まれた。孤立したことを知った九条頼経は、二十五日に北条時頼に使者を派遣したが、館に入ることを拒まれた。北条氏一門の中で頼経支持の立場をとる名越光時は、館に戻ることもできず、観念して出家を遂げた。名越亭にいた弟時幸は、政変に敗れたことを知って自害した。頼経を支持した人々は、分断されて身動きがとれなかった。翌二十六日、北条時頼は北条政村・北条実時・安達義景を館に招き、事後処理を話し合った。北条時頼政権の中核を構成する人々である。

『吾妻鏡』は記さないが、近衛兼経は九条頼経が謀計を廻らして北条氏を討とうとしたこと、調伏祈禱を行ったことが発覚したことを伝える（『岡屋関白記』）。九条道家も潔白を証明しようと起草した願文に北条経時呪詛の嫌疑をかけられたと記している。北条時頼が鎌倉を軍事的に制圧する強行手段に出たのも、兄の死因が大殿九条頼経による北条経時呪詛の調伏祈禱が原因であるという話を信じたのであろう。九条頼経とともに三室戸僧正道慶・岡崎僧正成源といった頼経に近い高僧に帰洛を命じられている。彼らが、調伏を行ったとされたのであろう。この事件によって、九条頼経の将軍就任によって鎌倉の宗教世界に大きな影響力を持った九条家ゆかりの高僧の政治的影響力は失われた。九条家ゆかりの学侶で鎌倉に残った人々も少なくはないが、鎌倉を護持する武家鎮護の祈禱を行う学僧としての立場を崩すことはなかった。

四　鶴岡社務隆弁と園城寺興隆

鶴岡社務定親の失脚

承久二年（一二二〇）に源実朝暗殺事件の後始末をしていた天台寺門流の慶幸が病没してから、鶴岡社務職は真言密教広沢流忍辱山流を継承する定豪・定雅・定親の師弟が務めていた。忍辱山流は真言密教広沢流の寛遍が起こした流派で、本所は仁和寺尊寿院、大和国の忍辱山円成寺を再興したことから忍辱山流の名前がついた。仁和寺尊寿院は村上源氏が外護した院家で、歴代院主には村上源氏出身の僧が多い。定豪の弟子定雅・定親は村上源氏の出身である。忍辱山流の正嫡定豪が鎌倉に下向して勝長寿院別当になったことで仁和寺尊寿院は一時荒廃したが、定豪が鎌倉で育てた弟子定清が将軍御所の験者を務めながら尊寿院院主を兼務したことで、尊寿院は忍辱山流が持つ院家として名義を残していた。忍辱山流は本拠地を空けて鎌倉で活動したので、京都の本所がさびれていったのである。定親（一二〇二—六五）は妹が北条泰時の信頼厚い三浦義村の嫡子泰村の妻となった縁で、鎌倉幕府の中枢に位置する人々と親しくしていた。京都では小さな法流にすぎない忍辱山流が鎌倉を主導する立場を取れたのは、定豪・定親が北条氏・三浦氏から信頼された学侶であったためといえる。

ところが、宝治元年（一二四七）六月に起きた宝治合戦で三浦泰村が滅亡し、定親も泰村の縁者として鶴岡社務を解任された。定親は鶴岡供僧になっていた弟子を引き連れて上洛し、一族の支援を受けて仁和寺尊寿院を再興した。京都では宝治合戦の影響はほとんどなく、定親の東寺長者・円城寺別当は留任となり、最後は僧正まで昇進した。

定豪が鎌倉で育てた定清（一一八三—一二八〇）は、鎌倉幕府評定衆後藤氏の出身なので将軍御所の験者としてそのまま残り、後に関東忍辱山流とよばれることになる流派を形成していった。宝治合戦の影響で数ある験者の一人となったが、将軍御所の験者として武家鎮護の加持祈禱を行い、鎌倉に残った弟子を育てていった。

隆弁が鶴岡社務に就任した頃

鎌倉に下ってくる高僧は、京都で功成り名を遂げた老僧が多い。九条頼経の腹心として活動した三室戸僧正道慶は園城寺長吏を務めた後に鎌倉下向、定親・道慶と同時期に鎌倉で活動した真言密教小野流の鳥羽法印光宝も醍醐座主を勤めた後の鎌倉下向である。京都で官僧として昇り詰めた後、縁あって最後の活動の場として鎌倉に下った高僧が弟子を育てたのである。法流の正嫡でありながら鎌倉に下った定豪は、例外と考えてよい人物である。

隆弁（一二〇八―八三）も、承久元年の源実朝暗殺で鎌倉との良好な関係が崩れた園城寺が関係修復のために派遣した若手の学侶という点では異例の存在である。隆弁は将軍家や北条氏のために天台密教の加持祈禱を行うことで信頼を獲得し、鎌倉を園城寺の有力な支持勢力に戻すべく努力した。鎌倉の要職につきながら園城寺興隆を公言し、そのために園城寺と鎌倉を往来する生活を続けたことは彼の特徴といってよい。それと共に、鎌倉を不在にしても大丈夫なように、弟子として受け入れた武家の子弟を京都で通用する水準まで育てたことも重要である。

定親が宝治合戦（一二四七）で失脚した後、鶴岡社務に隆弁が指名された。延暦寺も、日光山別当に就任して鎌倉の犬懸谷坊に常駐するようになった本覚院法印尊家が将軍宗尊親王の信頼を得て、将軍御所で験者として活躍を始めた。尊家の法流は将軍家御願の第二の寺院である勝長寿院別当を独占するようになった。園城寺と真言宗諸派が交替で鶴岡社務を務める状況と考えあわせると、それなりに均衡を保っているとみることもできる。

鶴岡社務になった隆弁は、法流を変えても苦情の出ない鶴岡二十五坊の供僧職に欠員がでると次々と園城寺出身の僧侶を補任し、延暦寺出身者を排除していった。実質的には、鶴岡八幡宮を園城寺出身者が運営する状況を作り出すことに成功した隆弁は、歌人として鎌倉の有力者と交流を持ち、京都の人々から見ると鎌倉は園城寺の方人（味方）と見えるようになった。

正元の園城寺戒壇問題

正元二年（一二六〇）の園城寺戒壇問題では、園城寺出身の隆弁と頼兼二人が鎌倉から本山に呼び戻された。この時、彼らは数百の軍勢を率いて上洛した。これは、鎌倉幕府が隆弁に附けた軍勢ではない。京都から鎌倉に下っている僧侶は多いので、園城寺戒壇問題では延暦寺大衆による園城寺焼打ちが起こることは情報として伝わっている。鎌倉幕府の名家なら、延暦寺の焼き打ちによって焼失した園城寺の堂舎修造を割り振られた経験を持っている。この上洛が危険なのは、衆知のことである。隆弁が上洛するといえば弟子が同行するといい、弟子の実家は危険だから郎党を連れていけといえば、自然発生的に数百人の集団ができてしまうということだと推測している。

隆弁が軍勢を率いて園城寺に入ったことは、朝廷を悩ませてしまった。今までなら、最後は延暦寺の武力に対抗できないと園城寺を納得させることで、我慢させてきた。ところが、園城寺に鎌倉の軍勢が入ったのである。延暦寺も朝廷に対する嗷訴はできるが、園城寺を焼打ちして鎌倉の関係者に死者がでることは避けたい。園城寺は、鎌倉の支援があるので簡単には折れない。園城寺が戒壇問題を訴えてから二百年、この年ついに朝廷は園城寺に三昧耶戒の戒壇を認める勅許を下した。これには延暦寺が激怒して満山の合意による大規模な嗷訴を仕掛ける気配を示したので、朝廷は堪えきれずに勅許の取り消しを決定したが、延暦寺も朝廷の担当者もしっかりと、この時の勅許を書き残した。園城寺にしてみれば、一部ではあるが悲願を認めさせた証である。この後は、戒壇設立公認を求める訴訟へと一段発展していく。

隆弁が園城寺別当を兼務した文永元年（一二六四）、園城寺は戒壇設立を訴えるだけではなく、設立を強行した。これに激怒した延暦寺は、再び満山の合意を取り付けて二日がかりで園城寺全山の焼き打ちをかけた。この時は、南院・中院・北院の三院と尾蔵寺以下の五別所が徹底的に焼かれたが、隆弁のいる如意寺（大文字焼の行われる如意ヶ嶽）は延暦寺大衆の攻撃を跳ね返し、ついに持ちこたえることができた。ここには、隆弁が京都・鎌倉で育てた弟子たちが集まっている。京都の如意寺・宝昭院と鎌倉の鶴岡八幡宮を拠点として往来する隆弁のもとには、姿は法体でも武者として成長した弟子とその従者が多く含まれている。彼らが籠もる如意寺は、他の院家とは比べ物にならない戦闘力の高さを持っていることを延暦寺大衆に思い知らせることになった。この後、延暦寺対園城寺ではなく、延暦寺対隆弁とその支持勢力といった形で京都での権門寺院の権力抗争の構図が変わっていく。延暦寺は、鎌倉が動くかどうかを意識するようになったのである。鎌倉は、園城寺の方人として京都に認識された。この関係は、隆弁から弟子の顕弁（十五代執権金沢貞顕の兄）へと継承され、文保三年（一三一九）の園城寺戒壇問題として再び火を噴くことになる。

参考文献

黒田俊雄『日本中世の国家と仏教』（岩波書店　一九七五年）
平岡定海「園城寺の成立と戒壇問題」（『日本寺院史の研究』吉川弘文館　一九八八年）
衣川仁『中世寺院勢力論』（吉川弘文館　二〇〇七年）
永井晋『金沢北条氏の研究』（八木書店　二〇〇九年）
永井晋「園城寺と河内源氏」（『国史学』二〇一号　二〇一〇年）
片平博文「白河法皇の怒りと歎き—歴史地理学から「天下不如意」の深層に迫る—」（『立命館地理学』二五号、二〇一三年）
平雅行『鎌倉仏教と専修念仏』（法蔵館　二〇一七年）
永井晋「中世都市鎌倉における密教の成立と展開」（『神奈川県立歴史博物館研究報告（人文科学）』四四号　二〇一七年）
永井晋「鎌倉時代中期における鎌倉の密教」（『神奈川県立歴史博物館研究報告（人文科学）』四五号　二〇一九年）

復刊にあたって

本書が刊行されてから、約二十年がたっている。本文は、誤植や明確な誤りを除いては修正せず、オリジナルの雰囲気をそのまま残した。二十年経った今でも古くささを感じずに読めるのは、当初は理系や経済学の世界で始まった複雑性の科学が一般化し、今日では当たり前のものして受け入れられているためであろう。筆者は、素朴実証主義から始まっているが、隣接する領域の研究成果で歴史学の研究に反映できる研究成果は何でも取り込む貪欲さを持っている。金沢氏・称名寺に関する研究をするために神奈川県立金沢文庫に集まってくるさまざまな分野の人々とやりとりをする中で、自然と身についていった研究スタイルである。その萌芽は、本書に既に出ていると思う。どんなに制度を精緻に研究しても、人は自らの思惑で動くので、人は法や制度を定めた人の思い通りには動かない。大局の流れもその方向性に進んでいると示しているだけで、必然であるとは断定できない。経済の現場がよく口にする「ブラック・スワン」は、歴史にもよく登場する。筆者が『平氏が語る源平の争乱』で述べた一ノ谷合戦は追討使の源範頼も京都に居る後白河院や公卿たちも追討使が勝つと思っていなかったという合戦前の予想は、源義経や多田行綱の活躍によって覆された。優勢な状況をつくるためにどんなに周到な準備をしても、最後の勝負どころでの人の判断なのである。そのあたりを詳しく書いたことが、古本しか流通していない状況になっても、面白いといわれて読まれ続けるゆえんなのであろう。

本書執筆後の筆者はというと、人物叢書『金沢貞顕』(吉川弘文館)・『金沢北条氏の研究』(八木書店)・『金沢北条氏編年資料集』(共著・八木書店)と金沢氏の研究をより緻密にしていった。また、『鎌倉源氏三代記』(吉川弘文館)で源家将軍を取り巻く人々を叙述し、『源頼政と木曽義仲』(中公新書)では治承寿永の内乱に敗れた側の源氏の立場から内乱を叙述し、『平氏が語る源平争乱』(吉川弘文館)では平氏の側から治承寿永の内乱を叙述した。鎌倉幕府の興亡だけやっていて、真ん中が薄いと切れ味の鋭い同僚からは言われてきたが、まさにその通りである。

まだ書いてみたいと思う人物には、八条院・平知盛・長崎高綱・高資父子などがいる。正面から向かい合っても、中々本音を見い出せない歯ごたえのある人々である。一番面白そうなのは後白河院の側にいた多田行綱であるが、彼がどんな話を聞いて何を考えたのかは見事なほどわからない。さすがは大内に出入りする摂津源氏の嫡流、重要な話をすべて墓場に持って行かれてしまったという感じである。八条院も同じであるが、彼女の場合は周囲の人々が書き残してくれているので、伝記を書ける範囲内にはいる。今は、鎌倉時代に鎌倉で活動して密教僧を網羅しようと試みた『鎌倉僧歴総覧』の作成を目指している。真言密教の人脈が複雑で、その複雑さを受け入れることなしには理解できないことがよくわかる。

昨年、体調を崩して、定年より一年早く退職したが、今年の四月から関東学院大学国際文化学部客員教授として、また金沢区に戻ることになった。金沢文庫駅を挟んで、海側が神奈川県立金沢文庫、山側が関東学院大学文学部なので、研究室と大学図書館が使える上に、大学図書館にないものは金沢文庫の図書室に見に行けばよいという古巣に帰った好適な環境である。恵まれた環境の中で、今まで続けてきた研究活動が続けられる。

最後に、復刊の機会をいただいた吉川弘文館に御礼を申し上げる。

令和元年五月

永井　晋

本書の原本は、二〇〇〇年に日本放送出版協会より刊行されました。

著者略歴
一九五九年　群馬県生まれ
一九八六年　國學院大学大学院文学研究科博士課程後期中退
二〇〇八年　國學院大学博士（歴史学）取得
神奈川県立金沢文庫主任学芸員、神奈川県立歴史博物館企画普及課長を経て
現　在　関東学院大学客員教授

〔主要著書〕
『金沢貞顕』（吉川弘文館、二〇〇三年）、『金沢北条氏の研究』（八木書店、二〇〇六年）、『鎌倉源氏三代記―一門・重臣と源家将軍―』（吉川弘文館、二〇一〇年）、『平氏が語る源平争乱』（吉川弘文館、二〇一九年）

読みなおす日本史

鎌倉幕府の転換点
『吾妻鏡』を読みなおす

二〇一九年（令和元）九月一日　第一刷発行

著　者　永《なが》井《い》　晋《すすむ》
発行者　吉川道郎
発行所　株式会社　吉川弘文館
郵便番号一一三―〇〇三三
東京都文京区本郷七丁目二番八号
電話〇三―三八一三―九一五一〈代表〉
振替口座〇〇一〇〇―五―二四四
http://www.yoshikawa-k.co.jp/
組版＝株式会社キャップス
印刷＝藤原印刷株式会社
製本＝ナショナル製本協同組合
装幀＝渡邉雄哉

ISBN978-4-642-07108-6

読みなおす日本史

刊行のことば

現代社会では、膨大な数の新刊図書が日々書店に並んでいます。昨今の電子書籍を含めますと、一人の読者が書名すら目にすることができないほどとなっています。ましてや、数年以前に刊行された本は書店の店頭に並ぶことも少なく、良書でありながらめぐり会うことのできない例は、日常的なことになっています。

人文書、とりわけ小社が専門とする歴史書におきましても、広く学界共通の財産として参照されるべきものとなっているにもかかわらず、その多くが現在では市場に出回らず入手、講読に時間と手間がかかるようになってしまっています。歴史の面白さを伝える図書を、読者の手元に届けることができないことは、歴史書出版の一翼を担う小社としても遺憾とするところです。

そこで、良書の発掘を通して、読者と図書をめぐる豊かな関係に寄与すべく、シリーズ「読みなおす日本史」を刊行いたします。本シリーズは、既刊の日本史関係書のなかから、研究の進展に今も寄与し続けているとともに、現在も広く読者に訴える力を有している良書を精選し順次定期的に刊行するものです。これらの知の文化遺産が、ゆるぎない視点からことの本質を説き続ける、確かな水先案内として迎えられることを切に願ってやみません。

二〇一二年四月

吉川弘文館

読みなおす日本史

時計の社会史　角山　榮著　二二〇〇円
漢　方　中国医学の精華　石原　明著　二二〇〇円
墓と葬送の社会史　森　謙二著　二四〇〇円
悪　党　小泉宜右著　二二〇〇円
戦国武将と茶の湯　米原正義著　二二〇〇円
大佛勧進ものがたり　平岡定海著　二二〇〇円
大地震　古記録に学ぶ　宇佐美龍夫著　二二〇〇円
姓氏・家紋・花押　荻野三七彦著　二四〇〇円
安芸毛利一族　河合正治著　二四〇〇円
三くだり半と縁切寺　江戸の離婚を読みなおす　高木　侃著　二四〇〇円
太平記の世界　列島の内乱史　佐藤和彦著　二二〇〇円

白　隠　禅とその芸術　古田紹欽著　二二〇〇円
蒲生氏郷　今村義孝著　二二〇〇円
近世大坂の町と人　脇田　修著　二五〇〇円
キリシタン大名　岡田章雄著　二二〇〇円
ハンコの文化史　古代ギリシャから現代日本まで　新関欽哉著　二二〇〇円
内乱のなかの貴族　南北朝と「園太暦」の世界　林屋辰三郎著　二二〇〇円
出雲尼子一族　米原正義著　二二〇〇円
富士山宝永大爆発　永原慶二著　二二〇〇円
比叡山と高野山　景山春樹著　二二〇〇円
日　蓮　殉教の如来使　田村芳朗著　二二〇〇円
伊達騒動と原田甲斐　小林清治著　二二〇〇円

吉川弘文館
（価格は税別）

読みなおす日本史

- 日本の奇僧・快僧　今井雅晴著　二二〇〇円
- 平家物語の女たち　大力・尼・白拍子　細川涼一著　二二〇〇円
- 戦争と放送　竹山昭子著　二四〇〇円
- 「通商国家」日本の情報戦略　領事報告を読む　角山　榮著　二二〇〇円
- 日本の参謀本部　大江志乃夫著　二二〇〇円
- 宝塚戦略　小林一三の生活文化論　津金澤聰廣著　二二〇〇円
- 観音・地蔵・不動　速水　侑著　二二〇〇円
- 飢餓と戦争の戦国を行く　藤木久志著　二二〇〇円
- 陸奥伊達一族　高橋富雄著　二二〇〇円
- 日本人の名前の歴史　奥富敬之著　二四〇〇円
- お家相続　大名家の苦闘　大森映子著　二二〇〇円
- はんこと日本人　門田誠一著　二二〇〇円
- 城と城下　近江戦国誌　小島道裕著　二四〇〇円
- 江戸城御庭番　徳川将軍の耳と目　深井雅海著　二二〇〇円
- 戦国時代の終焉　「北条の夢」と秀吉の天下統一　齋藤慎一著　二二〇〇円
- 中世の東海道をゆく　京から鎌倉へ、旅路の風景　榎原雅治著　二二〇〇円
- 日本人のひるめし　酒井伸雄著　二二〇〇円
- 隼人の古代史　中村明蔵著　二二〇〇円
- 飢えと食の日本史　菊池勇夫著　二二〇〇円
- 蝦夷の古代史　工藤雅樹著　二二〇〇円
- 天皇の政治史　睦仁・嘉仁・裕仁の時代　安田　浩著　二五〇〇円
- 日本における書籍蒐蔵の歴史　川瀬一馬著　二四〇〇円

吉川弘文館
（価格は税別）